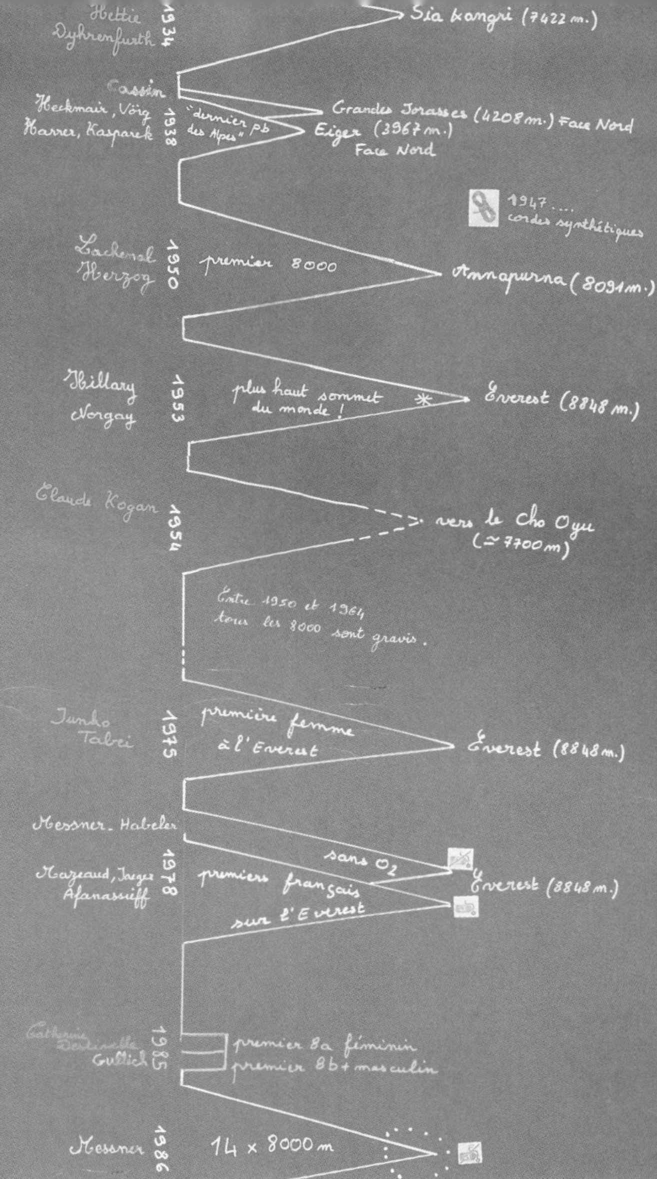
Hettie Dyhrenfurth
1934
Sia Kangri (7422 m.)
Cassin
Grandes Jorasses (4208 m.) Face Nord
Heckmair, Vörg Harrer, Kasparek
1938
"dernier pb des Alpes"
Eiger (3967 m.) Face Nord
1947.... cordes synthétiques
Lachenal Herzog
1950
premier 8000
Annapurna (8091 m.)
Hillary Norgay
1953
plus haut sommet du monde !
Everest (8848 m.)
Claude Kogan
1954
vers le Cho Oyu (≃ 7700 m)
Entre 1950 et 1964 tous les 8000 sont gravis.
Junko Tabei
1975
première femme à l'Everest
Everest (8848 m.)
Messner. Habeler
sans O_2
Mazeaud, Jaeger Afanassieff
1978
premiers français sur l'Everest
Everest (8848 m.)
Catherine Destivelle Güllich
1985
premier 8a féminin
premier 8b+ masculin
Messner
1986
14 x 8000 m

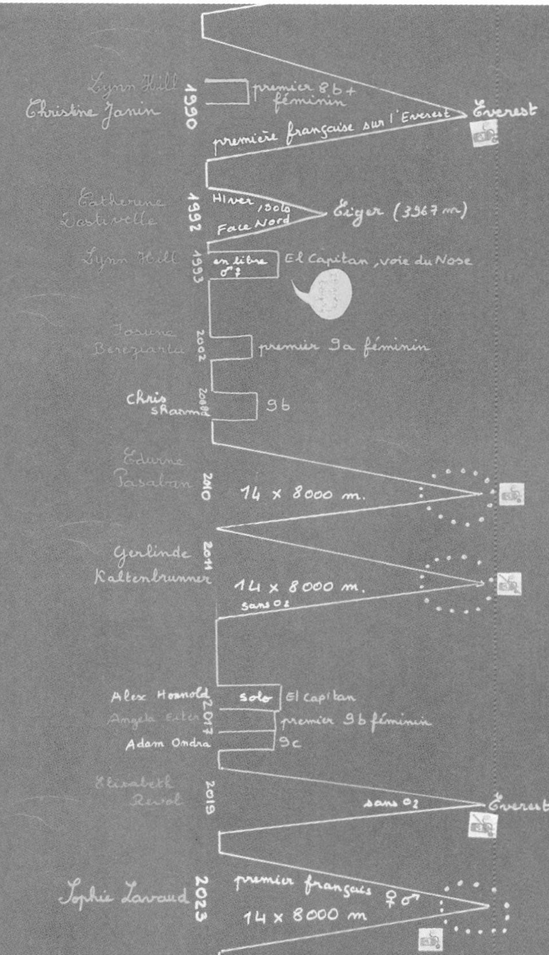

Lynn Hill
Christine Janin
1990
premier 8b+ féminin
première française sur l'Everest
Everest
Catherine Destivelle
1992
Hiver /solo Face Nord
Eiger (3967 m)
Lynn Hill
1993
en libre ♂♀
El Capitan, voie du Nose
Josune Bereziartu
2002
premier 9a féminin
Chris Sharma
9b
Edurne Pasaban
2010
14 x 8000 m.
Gerlinde Kaltenbrunner
2011
14 x 8000 m.
sans O2
Alex Honnold
Angela Eiter
Adam Ondra
2017
solo
El Capitan
premier 9b féminin
9c
Elisabeth Revol
2019
sans O2
Everest
Sophie Lavaud
2023
premier français ♀♂
14 x 8000 m

STÉPHANIE & BLAISE AGRESTI

UNE HISTOIRE DE L'ALPINISME AU FÉMININ

Glénat

LES AUTEURS

Encordés dans la vie et sur les cimes, **Stéphanie et Blaise Agresti** sont parents de quatre enfants et vivent dans la vallée de Chamonix.
Ingénieur de formation, **Stéphanie Agresti** enseigne aux enfants en difficulté et a exercé dans une école franco-américaine du Colorado. Passionnée de montagne, elle pratique la plupart des activités – escalade, ski de randonnée et alpinisme – depuis des années et aime découvrir le monde. La montagne qu'elle affectionne est faite de simplicité ; un alpinisme heureux, vécu en couple, en famille ou avec des amis.
Guide de haute montagne, **Blaise Agresti** a dirigé le peloton de gendarmerie de haute montagne (PGHM) et l'école de formation des secouristes (CNISAG) à Chamonix. Depuis 2017, il a fondé Mountain Path, une école de management d'altitude, qui accompagne les entreprises et les dirigeants. Conférencier, il a publié trois livres : *In extremis* (éditions Paulsen, rééd. 2022), *Une histoire du secours en montagne* (éditions Glénat, 2018) et *Guider en premier de cordée* (éditions Mardaga, 2022), un ouvrage de réflexion sur le leadership.

À Vivien, Théophile, Léonie et Adèle

Première de couverture : Isabelle Agresti sur les pentes du Kohe Setara (6 050 m), Afghanistan, 1968. © Coll. Agresti

Quatrième de couverture : Lise Billon, Maud Vanpoulle et Fanny Schmutz après l'ascension de la voie du *Compresseur* au Cerro Torre (Patagonie), février 2024. © Lise Billon

Prépresse et fabrication : Glénat Production

Couvent Sainte-Cécile
37, rue Servan – 38000 Grenoble
www.glenat.com

ISBN : 978-2-344-06210-4
Dépôt légal : octobre 2024

SOMMAIRE

PRÉFACE
ÉNERGIE FÉMININE

On me demande bien souvent ce que je pense de la place de la femme dans le monde de l'alpinisme. C'est la question la plus fréquente que l'on me pose.
Et j'avoue que, bien souvent, je ne sais pas trop quoi répondre. Car répondre en une phrase concise et précise me semble impossible. Et, chaque fois, je suis atterrée qu'on en soit encore à se poser la question de ce que peuvent apporter les femmes dans ce monde.
Voilà un début de réponse. Mais alors, vous comprendrez toute l'ambiguïté qui m'habite. Je souhaiterais ne plus jamais avoir à y répondre mais, par la même occasion, c'est un sujet qui m'appelle.
La réponse est complexe. Elle nécessite de comprendre l'alpinisme d'aujourd'hui dans son ensemble et de creuser dans ses racines. L'histoire de l'alpinisme, ce n'est pas seulement des chiffres, des dates, des hommes et des sommets gravis : c'est aussi et surtout la résultante d'un contexte social et culturel. L'alpinisme est à mes yeux un condensé de romantisme (au sens littéraire), de capitalisme avec un résidu de colonialisme hérité de la bourgeoisie anglaise du XIXe siècle...

Pour comprendre ce qui se trame aujourd'hui, il faut comprendre ce qui s'est passé hier. L'alpinisme prend ses racines dans la deuxième moitié du XIXe siècle sous l'influence de l'aristocratie anglaise.
Traduction : l'aristocratie anglaise – homme blanc de classe supérieure, n'ayant pas grand-chose d'autre à faire que de se réunir dans des clubs privés pour occuper son temps et parler de chasse à courre – est en quête d'un nouveau passe-temps.
Dans quel contexte historique ? L'expansion des colonies, la découverte du monde. La passion pour ce qui est nouveau, les expositions universelles, la révolution industrielle.
Traduction : l'homme blanc se sent supérieur, investi d'une quête existentielle, celle d'étendre son savoir et sa puissance. Que sont les colonies sinon une expansion horizontale ? Et l'alpinisme, une forme d'expansion verticale ? Cet homme a besoin de se sentir fort et conquérant face à cette nature grandiose. Il rêve d'emmagasiner les expériences et les connaissances, et il érige des règles éthiques qui déterminent une vision étriquée de l'alpinisme.

J'ai le sentiment que, jusqu'à présent, on s'efforce de relater et d'encenser les seules ascensions réalisées par des femmes qui remplissaient les codes de cet alpinisme très masculin. Mais si l'alpinisme consiste à gravir des sommets, je trouve très réducteur de décréter que ses origines ne datent que du XIXe siècle. Qu'en est-il des poètes ou encore des peuples originels qui gravissent des montagnes à des fins spirituelles, contemplatives.. ? La grande différence, c'est que cette bourgeoisie anglaise a su raconter, documenter et construire le récit dominant.

Mais pourquoi parler autant des hommes pour répondre à une question sur les femmes ?

Se pose-t-on les bonnes questions ? Et si, au lieu de parler d'hommes et de femmes, nous parlions d'énergie féminine et d'énergie masculine ? L'alpinisme que nous connaissons est empreint d'une énergie masculine conquérante, tout en force et en puissance. Cette énergie féminine apporte peut-être un côté plus spirituel à cette activité. Qui sait ? En tout cas, cette énergie dérange. L'Église n'a-t-elle pas mis sur le bûcher un bon nombre de femmes et de livres ? Et ne vous méprenez pas : une femme n'est pas nécessairement féminine dans son énergie, tout comme un homme peut être attiré par un alpinisme plus féminin. Notre genre ne détermine pas cela.

Pour comprendre ce qu'est un alpinisme avec une empreinte féminine, il nous faut donc plonger dans l'histoire des femmes qui ont tracé leur voie dans ce monde, car elles existent. Il nous faut aussi accepter une autre forme de pratique et un autre regard. Et demain, comment savoir ce que les prochaines générations apporteront ? J'espère un peu plus d'ouverture, pour que hommes et femmes puissent choisir librement leur façon de pratiquer.

Lise Billon

LA JOIE AU SOMMET DU CERRO TORRE.
© LISE BILLON

EXISTE-T-IL UN ALPINISME AU FÉMININ ?

Pourquoi écrire un livre sur un tel sujet ? Sommes-nous légitimes pour aborder ce versant souvent méconnu de l'alpinisme ? Blaise a grandi dans une famille montagnarde : Henri, son père, est guide de haute montagne et Isabelle, sa mère, professeur de lettres classiques et alpiniste. En couple, Isabelle et Henri ont gravi des sommets du monde entier, ouvert des voies nouvelles dans le Pamir, en Alaska, en Algérie, en Californie, au Mexique, en Corse... En 1966, étudiante à Aix-en-Provence, Isabelle avait atteint l'antécime du Noshaq, le sommet le plus haut d'Afghanistan culminant à plus de 7400 mètres d'altitude. À l'époque, une ascension en style alpin, sans porteurs ni oxygène, restait exceptionnelle. « La femme la plus haute du monde » avait en ce temps titré la presse, ce qui n'était pas complètement juste nous le verrons.

Plus tard, après un parcours hors norme et de nombreuses premières réalisées avec son mari, Isabelle devait participer à une expédition féminine au K2 en 1982 organisée par Wanda Rutkiewicz, célèbre alpiniste polonaise qui défrayait alors la chronique himalayenne. Isabelle renonce à cette expédition qui se solde par un échec. Au fil de ses années d'enfance, Blaise croise à la maison des femmes d'exception : Jeanne Franco, Sonia Livanos, Simone Badier, Wanda Rutkiewicz, Martine Rolland première femme guide, Alison Osius qui dirigera l'American Alpine Club, Catherine Destivelle... et bien d'autres encore. Ces rencontres suscitent une curiosité et un étonnement : pourquoi sont-elles si peu présentes dans l'historiographie officielle ?

En partant de cet éclairage familial, il nous a donc semblé juste d'approfondir le thème de l'alpinisme au féminin et de le faire à deux, en couple. Stéphanie pratique elle aussi l'escalade et l'alpinisme depuis des années. Nous ne sommes pas des alpinistes de haut niveau, même si Blaise exerce le métier de guide de haute montagne et a dirigé le PGHM (Peloton de gendarmerie de haute montagne) à Chamonix par le passé. Nous vivons l'alpinisme et l'escalade comme des moments précieux de nos existences. À deux, nous allons essayer d'éclairer ce sujet passionnant : existe-t-il un alpinisme au féminin ? Et, en chemin, nous tenterons d'éviter les chausse-trappes d'une réécriture de l'histoire ou d'un récit purement féministe, ce qui n'est pas l'objet de ce livre.

Une histoire de l'alpinisme au féminin : pourquoi chercher à féminiser une lecture de l'histoire ? Est-il d'ailleurs même légitime de se questionner sur le sujet dans une époque qui tente d'abolir les genres avec plus ou moins de réussite ? Notre approche est surtout d'explorer des histoires vécues, de comprendre les évolutions au fil du temps et de rendre hommage à des pionnières souvent méconnues.

L'alpinisme est l'art de gravir les montagnes. Il est l'une des activités les plus masculines de l'humanité au même titre que l'histoire militaire. Art de la guerre, art de gravir les sommets : deux visions d'un idéal de conquête qui a pesé sur l'âge d'or de l'exploration des Alpes au XIXe siècle à l'Himalaya du XXe siècle jusqu'à aujourd'hui. Les récits ont façonné les imaginaires pour le meilleur et pour le pire et ont laissé

RENATO CHABOD EFFECTUE UNE TRAVERSÉE DÉLICATE SOUS LE REGARD ATTENTIF DE NINÌ PIETRASANTA (PHOTO GIUSTO GERVASUTTI, 1935).

peu d'espace aux femmes dans cette narration épique. Comme si là-haut, leur présence pouvait rabaisser l'exploit des hommes victorieux. Malgré cette entreprise de marginalisation volontaire ou involontaire, d'invisibilité sociale diront certains, on retrouve néanmoins des femmes dès l'origine de l'alpinisme qui débute avec cette première ascension du mont Blanc en 1786. Au fil des époques, elles prennent place, crescendo, et l'on observe cette émergence lente mais constante, qui s'accélère à la fin des années 1960 avec les mouvements de libération des femmes et l'accroissement de leur présence en altitude. Pour interpréter cette épopée, nous nous sommes heurtés à des idées, des tabous et des interdits qui inscrivent une forme d'impossibilité sociétale. Et pourtant, à chaque fois, nous avons trouvé des pionnières qui ont su tracer des chemins audacieux pour briser le plafond de verre et bouleverser ces déterminismes qui structurent nos sociétés en profondeur.

L'impossibilité sociale ?

Gravir des montagnes exige du temps et des moyens. En ce XIXe siècle naissant, seules les classes sociales les plus aisées peuvent s'autoriser de voyager et de vivre des expériences aventureuses. Seules des aristocrates ou une bourgeoisie fortunée aura accès à ces territoires avec un accompagnement de guides et de porteurs.

L'impossibilité physique ?
Gravir des montagnes exige de la force et de l'endurance, attributs souvent accordés aux hommes. Cette idée formera un interdit lié plus largement aux activités sportives et les femmes attendront longtemps avant de pouvoir participer aux Jeux olympiques.

La pression des risques et du danger ?
L'alpinisme comme la guerre sont des activités dangereuses. Ce rapport au risque est lié à une culture, à notre identité profonde ancrée dans la conscience de soi et du monde qui nous entoure. Le risque constitue-t-il une dimension structurante de la compréhension de cet interdit social pour les femmes de participer à cette activité ? La montagne serait trop dure, trop rude, trop violente, trop dangereuse pour les femmes. Ce postulat pèse sur les prémices de l'histoire de l'alpinisme.

En même temps que l'alpinisme évolue, la définition de la féminité va profondément changer : rapport au corps, maternité, rôle domestique de l'épouse, structure familiale, lien aux hommes et aux femmes entre elles.

La quête de liberté et d'émancipation ?
Ces évolutions sociétales se retrouvent en miroir dans le rapport des femmes à la montagne. L'alpinisme révèle toujours une part intime de notre être et de notre rapport au monde. Chaque individu qui s'engage vers un sommet abolit la posture sociale et tente d'être lui-même, sans fard, révélé par l'exposition au risque et à la mort. Révélé aussi par l'esthétique et le sublime de la haute montagne. Révélé par l'exploration et le goût de l'aventure dans cette quête de liberté et d'égalité. Ces exploits féminins sont aussi portés simplement par une ambition et une quête de gloire qui peuvent parfois ressembler aux aspirations attribuées plus habituellement aux hommes. Cette parité des intentions estompe progressivement la frontière des sexes au fil du temps.

Vers une égalité sincère ?
Explorer l'histoire de l'alpinisme au féminin, c'est entrer dans la modernité de la relation des femmes avec le monde. C'est explorer ce long chemin vers l'égalité des genres.

Dans ce projet, nous avons décidé de nous encorder à deux, femme et homme, pour rendre un récit équilibré et tenter de comprendre le moteur de ces aventures d'altitude aux limites des capacités humaines. À travers les siècles, nous avons simplement cherché à saisir ce qui pousse les femmes à gravir les montagnes.

LES SUISSESSES HEIDI LÜDI ET EVA ISENSCHMID,
EN ROUTE POUR LE PIC LÉNINE (PAMIR, ÉTÉ 1974).
© ARLENE BLUM

LIZZY LEBLOND, PREMIÈRE PRÉSIDENTE DU LADIES' ALPINE CLUB AVEC SON GUIDE (SUISSE, DÉBUT 1900).

PIONNIÈRES
1808-1913

MAIS OÙ SONT PASSÉES LES DÉESSES DE L'OLYMPE ?

S'arracher à la pesanteur du monde terrestre : il y a dans la quête des alpinistes bien d'autres dimensions que la seule performance sportive. Pour s'affranchir du vertige et cheminer vers un sommet, il faut dépasser les imaginaires et les interdits...

Difficile de dater le début de l'histoire de l'alpinisme : évoquons-nous les sépultures primitives trouvées sur des volcans d'Amérique du Sud à plus de 6 000 mètres d'altitude, la découverte d'Ötzi qui date de 3 200 ans av. J.-C., l'ascension du Ventoux par Pétrarque ? Dans ce livre, l'alpinisme débute avec l'ascension du mont Blanc en 1786, indissociable de l'esprit des Lumières. Le docteur Paccard et le cristallier Balmat transgressent l'idée que l'on puisse dormir sur un glacier sans mourir et affrontent ainsi la « montagne maudite »[1]. En corollaire à cet imaginaire effrayant, il faudrait donc un courage guerrier pour cheminer vers les montagnes en cette fin du XVIIIe siècle. La désacralisation de ces dernières va prendre du temps.

Au cœur de la mystique de l'alpinisme, il y a donc cette idée de se lancer à l'assaut des montagnes sacrées et d'affronter les dieux. En Occident, on peut penser à l'Olympe qui ne sera gravie qu'en 1912. Cette ascension scelle la fin de cet âge d'or de l'alpinisme qui reste fortement masculin : seuls les hommes-héros peuvent affronter les dieux dans un combat de Titans... La sémantique des alpinistes emprunte beaucoup au vocabulaire militaire : on fait le « siège » d'une montagne, on donne « l'assaut », les membres de la cordée sont des « soldats disciplinés », on est « à l'attaque » d'une paroi, des « chefs » dirigent les expéditions, on parle de « vaincre » les sommets, de « victoire »...

La montagne aurait-elle un genre ? Est-elle une « Grande Dame » ? La conquête de sommets « vierges », de « cette maîtresse facile à dompter », constitue un florilège des verbatims utilisés. Pour s'aventurer dans les montagnes et participer au récit mythologique, il faudrait être un demi-dieu ou un héros, un chasseur ou un colporteur, un soldat de l'armée d'Hannibal ou de Napoléon et même parfois un alpiniste. Le combat entre l'homme et la montagne serait ainsi une fabrique de ces héros modernes, ces « conquérants de l'inutile », constituant une nouvelle noblesse, un ordre chevaleresque que des clubs alpins viennent adouber, à commencer par l'Alpine Club créé à Londres en 1857 et qui sera longtemps interdit aux femmes, *of course*.

Sur l'Olympe, la cosmogonie originelle des Grecs distingue les fils et filles de Cronos et de Rhéa, avec en premier Zeus, le dieu du ciel et de la foudre, entouré de plusieurs déesses. Elles sont au nombre de trois : Héra, la déesse du mariage et de la fécondité ; Hestia, la divinité du feu sacré et du foyer et Déméter, la déesse de la terre et de la fertilité. Chacune a un rôle bien défini qui oblige socialement et enferme symboliquement dans le foyer et les tâches domestiques : mariage, fécondité, foyer, fertilité... Cette représentation domine l'histoire de l'humanité et explique pourquoi les femmes sont quasiment exclues de cette première grande période de l'histoire de l'alpinisme. Mais paradoxalement, elles sont bien présentes, toujours audacieuses, largement invisibilisées. Allons à leur rencontre !

---

1. Ancien nom du mont Blanc qui recevra son patronyme actuel un an plus tard, le 2 août 1787.

N° 686 — Dimanche 23 Janvier 1910 — Prix : 15c

Journal des Voyages

JOURNAL HEBDOMADAIRE
Bureaux : 146, rue Montmartre. PARIS (2e)

& des Aventures de Terre et de Mer

"Sur Terre et Sur Mer" "Monde Pittoresque" "Terre Illustrée" réunis.

VINTRAUT

Vers les hautes cimes de l'Himalaya

L'EXPLORATION DE M. ET Mme WORKMAN

Les audacieux explorateurs franchirent les rivières sur des ponts de lianes ; ces passerelles légères se balancent au-dessus du vide et se déforment sous les pieds comme si elles allaient se rompre ; ce sont les plus redoutables appareils à vertige que l'on puisse rencontrer.

N° 686. (Deuxième série.) — N° 1698 de la collection.

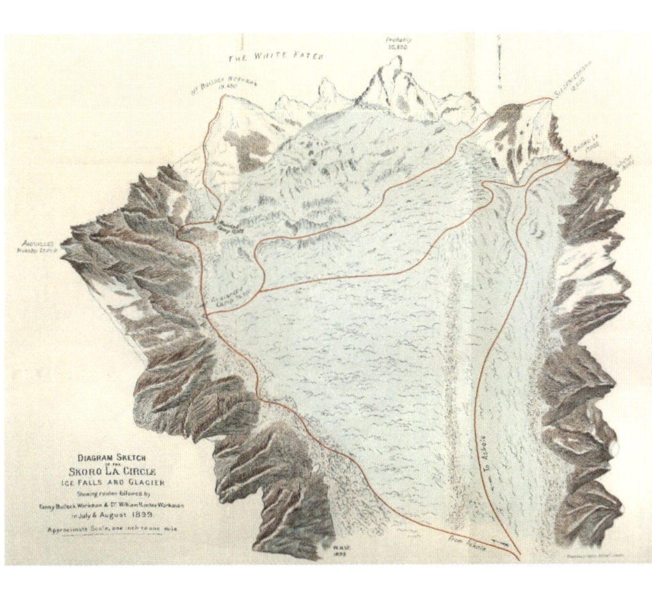

EN HAUT

VERS LES HAUTES CIMES DE L'HIMALAYA. L'EXPLORATION DE FANNY BULLOCK WORKMAN ET WILLIAM HUNTER WORKMAN. COUVERTURE DU JOURNAL DES VOYAGES DE 1910.

EN BAS

EXTRAIT DE LA CARTE DU GLACIER DE SKORO LA, DES SOMMETS ENVIRONNANTS ET DE L'ITINÉRAIRE DE L'EXPÉDITION DE WORKMAN EN JUILLET ET AOÛT 1899.

HENRIETTE D'ANGEVILLE (1794-1871), DANS LA TENUE DE MONTAGNE QU'ELLE A ELLE-MÊME DESSINÉE POUR L'ASCENSION DU MONT BLANC. AQUARELLE DE 1838 DE J. HÉBERT.

© DR

LES FIANCÉES DU MONT BLANC

L'alpinisme débute avec l'ascension du mont Blanc en 1786 par Jacques Balmat et Michel Paccard. Ce sommet cristallise les désirs d'altitude qui naissent avec ce XIXe siècle et notre récit débute avec deux figures qui apparaissent dans la narration épique[1] de l'époque : Marie Paradis et Henriette d'Angeville. Nous tenons un compte-rendu précis de l'ascension de 1838 grâce au livre[2] d'Henriette qui débute par cette phrase en guise d'épigraphe : « Vouloir, c'est pouvoir. » Cette maxime lui ressemble : indépendance d'esprit et audace. En écho, la déclaration de Marie Paradis (1778-1839), première femme au sommet du mont Blanc, apparaît plus prosaïque : « Je suis montée, j'ai bien soufflé, j'ai failli mourir. On m'a traînée, portée, j'ai vu du blanc et du noir et je suis redescendue. » Deux manières de raconter l'ascension d'une montagne et de vivre l'expérience de l'alpinisme. Lorsque le 13 juillet 1808, sous la conduite de Jacques Balmat, les guides de Chamonix décident de gravir le mont Blanc, personne ne peut réellement expliquer pourquoi Marie Paradis, une « fille du pays » qui habite le hameau du Bourgeat, va se retrouver propulsée dans cette aventure. Modeste, elle travaille comme servante dans une auberge et connaît les guides de la vallée. On parle d'un fiancé parmi ses six compagnons et Marie s'est portée volontaire avec une autre villageoise, Euphrosine Ducrocq, écartée par Balmat car mère d'un enfant. La maternité restera longtemps un interdit : exposer aux dangers de la montagne l'enfant à naître est alors impensable.

Dans son livre, Stephen d'Arves souligne combien Marie fut vaillante et « n'eut aucune défaillance au cours de ce périlleux voyage », lorsque de son côté, un brin misogyne, Frison-Roche, dans sa préface au livre d'Henriette d'Angeville, ne l'épargne guère. Les détails de l'ascension sont décrits par Alexandre Dumas dans son ouvrage *Impressions d'un voyage en Suisse*[3], notamment l'approche du sommet : « Soit par fatigue de la montée, soit par peur de réflexion, Marie Paradis sentit que ses jambes s'en allaient à tous les diables. Alors elle s'approcha en riant de Balmat, et lui dit tout bas, afin que les autres ne l'entendent pas : “Allez plus doucement, Jacques, l'air me manque, faites comme si c'était vous qui soyez fatigué.” Balmat ralentit sa marche ; Marie profita de cela pour manger de la neige à la poignée. » Au sommet, Dumas poursuit : « Marie était presque évanouie ; cependant, elle se remit un peu et porta les yeux sur l'horizon immense qu'on découvre. Nous lui dîmes en riant que nous lui donnions pour sa dot tout le pays qu'elle pourrait apercevoir. »

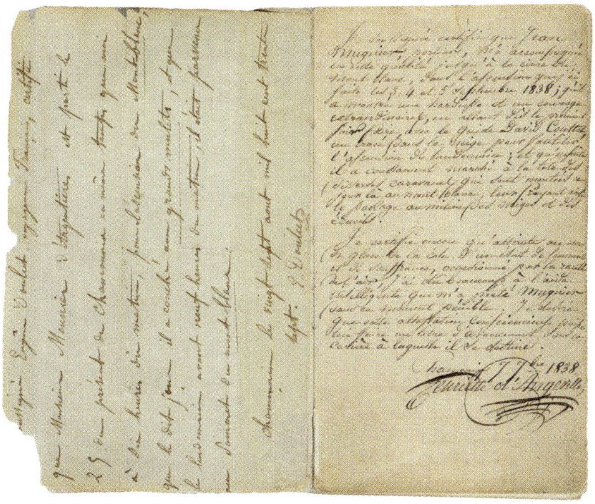

ATTESTATION SIGNÉE PAR HENRIETTE D'ANGEVILLE CONFIRMANT LES QUALITÉS DE SON GUIDE JEAN MUGNIER DANS SON CARNET DE COURSES (1837).

© COLL. MUSÉE ALPIN CHAMONIX-MONT-BLANC

1. Stephen d'Arves, *Les fastes du mont Blanc*, 1876, imprimerie Veressof, Genève.
2. Henriette d'Angeville, *Mon excursion au mont Blanc*, Arthaud, 1987.
3. Publié en 1832.

Bien que moquée sur sa manière d'atteindre le sommet, Marie Paradis devance néanmoins de trente ans la deuxième ascension d'Henriette d'Angeville. Le récit d'Henriette efface le souvenir de l'exploit de Marie : elle est une aristocrate qui a grandi dans le rude château de Lompnes dans l'Ain. Elle aime marcher et va préparer minutieusement son ascension jusqu'à imaginer une tenue d'alpinisme spécifique. Dans son sac, elle prévoit des bas de laine et de soie, deux paires de chaussures imperméables à crampons, une paire de pantalons en laine écossaise doublée, une blouse ample de la même matière, un tartan, un boa, une paire de gants en tricot fourré, une autre ainsi qu'une pelisse en fourrure, un bonnet en flanelle, un chapeau de paille, un masque en velours noir et des lunettes de soleil à verres bleus très foncés.

Elle emporte également un carnet où elle consignera ses notes tout au long du périple et de nombreux équipements – sels, alcools, couteaux, briquet, petite cafetière... Il faut imaginer la lourde caravane de guides et de porteurs qui quitte Chamonix à 4 h 30 du matin le 3 septembre 1838. Henriette vérifie ses pulsations cardiaques, elles sont à 64. Après une petite prière, les voilà au pied du glacier des Bossons. La montée débute, il fait beau, le cœur d'Henriette est stable – 74 pulsations. Arrivés aux Grands Mulets après une longue journée, la nuit est inconfortable. Très tôt, il faut repartir vers le Grand Plateau. Henriette commence à se sentir fatiguée : douleurs dans les reins, la pulsation qui s'accélère à 139... Mais l'ascension se poursuit, soutenue par ses guides. Au Mur de la Côte, elle suffoque mais n'abandonne pas et demande à ses partenaires de cordée de la conduire au sommet, morte ou vivante. Ceux-ci lui viennent en aide et ils arrivent enfin à la cime. Henriette se ressaisit, son pouls passe à 108, la vie lui revient. Elle en profite pour envoyer un pigeon aux habitants de Chamonix. Les guides la soulèvent pour célébrer la victoire et dépasser le point atteint par Marie Paradis. Ils veulent qu'Henriette soit la plus haute, incontestablement. Après une heure d'observations et d'écriture, il est temps de redescendre.

Par la vertu d'une ascension, Henriette et Marie sont liées au-delà des classes sociales et des détails vaniteux de l'histoire (Henriette portée par les guides pour dépasser Marie...). Fiancées du mont Blanc, elles se sont rencontrées après l'ascension d'Henriette qui rend alors visite à sa « sœur du mont Blanc ». Amicalement, elles partagent une petite collation avec du beurre, du pain, du miel et un pot de crème. Marie pose une nappe blanche sur la table en signe de respect à l'égard d'Henriette. Un moment d'amitié en toute simplicité.

À GAUCHE

PORTRAIT DE MARIE PARADIS (1778-1839), VERS 1830, GRAVURE ORIGINE INCONNUE.

© DR

PAGE DE DROITE

ASCENSION DU MONT BLANC PAR HENRIETTE D'ANGEVILLE. N° D'INVENTAIRE : AG.61.

© ESTAMPE DE LELIÈVRE-DRACHE – COLL. MUSÉE ALPIN CHAMONIX-MONT-BLANC

PREMIÈRE FEMELLE À L'ALPINE CLUB

En 1895, la ville de Chamonix fait tirer des coups de canon pour fêter l'ascension du mont Blanc en complète autonomie par une grande alpiniste. Plusieurs centaines de personnes viennent lui rendre hommage. Cette alpiniste s'appelle Tschingel, du nom du premier sommet qu'elle a gravi. Elle est de taille assez forte, avec une robe brune et un plastron blanc impeccable. Tschingel, que Chamonix célèbre, est la chienne[1] de Marguerite « Meta » Brevoort, une Américaine qui est arrivée dans les Alpes quelques années plus tôt. Accompagnée de son neveu William August Coolidge, Meta est persuadée que l'air pur leur fera le plus grand bien. Comme alpiniste, elle a deux grandes ambitions : être la première femme à escalader le Cervin et, plus encore, être la première alpiniste, homme ou femme, à gravir la Meije.

À cette époque, la règle est d'engager des guides pour aller en montagne. Les femmes portent des jupes avec de lourds jupons en flanelle, des corsets à baleine qui entravent la poitrine et des chemises d'épais coton boutonnées jusqu'au cou. Meta marche avec un grand bâton et, la plupart du temps, elle est escortée par Tschingel. Comme sa maîtresse, cette dernière devient une grande alpiniste. Elle a un véritable instinct pour trouver le meilleur itinéraire au milieu des crevasses, se déplacer dans le brouillard ou trouver les ponts de neige les plus solides. En 1878, après avoir gravi le mont Rose, un groupe d'Anglais élit la chienne membre d'honneur de l'Alpine Club. Elle devient alors la seule présence féminine au sein de ce club interdit aux femmes… Sa maîtresse ne recevra jamais cette distinction !

Meta écrit sous le nom de son neveu, Coolidge, des textes pour l'*Alpine Journal* qui sans cela ne seraient jamais acceptés. En plein âge d'or de l'alpinisme, Miss Brevoort devient la première femme à atteindre le pic Oriental de la Meije, persuadée qu'il s'agit du véritable sommet. Mais là-haut, la cordée s'aperçoit que le Grand Pic culmine 17 mètres plus haut… La déception est grande et Meta garde jusqu'à sa mort le regret de cet échec, comme de celui qu'elle vécut au Cervin. En ce temps, le Cervin est considéré comme le plus beau de tous les trophées par les alpinistes. Meta fait une première tentative en 1869, quatre ans après la première ascension par Whymper, et réussit à atteindre 4 000 mètres du côté italien, avant de renoncer en raison du mauvais temps. Deux ans après, elle retente l'ascension. Mais Lucy Walker, sa rivale, lui vole la victoire. Après cette nouvelle déception, Meta Brevoort réalise un exploit en étant le premier alpiniste à traverser le Cervin de Zermatt à Breuil. Avec guide et sans chien…
En 2019, une plaque de bronze en l'honneur de Meta et Lucy est posée à Zermatt. Mais en 2024, sur la page Wikipédia du Cervin, il n'est encore fait mention d'aucune femme. L'intégration de la chienne Tschingel au sein du prestigieux Alpine Club, bien avant la création du Ladies' Alpine Club en 1907, en dit long sur le chemin qui reste à parcourir…

1. De race Beagle.

LA CHIENNE TSCHINGEL, AVEC META BREVOORT ENTOURÉE DES GUIDES CHRISTIAN ET ULRICH ALMER AINSI QUE DE SON NEVEU WILLIAM COOLIDGE (1874).
© ALPINE CLUB PHOTO LIBRARY, LONDON

LUCY, PREMIÈRE AU CERVIN

En 2021, Marie-France Hendrikx[1] reconstitue l'ascension de Lucy Walker au Cervin 150 ans après la première féminine. En robe et en respectant les équipements d'époque, l'escalade est loin d'être aisée pour l'historienne valaisanne, sportive et entraînée. Lucy inspire Marie-France dans cette reconstitution historique et elle dévoile un destin aussi méconnu qu'exceptionnel. Le Cervin a été gravi pour la première fois six ans auparavant dans de tragiques circonstances par Edward Whymper, Michel Croz et leurs compagnons le 14 juillet 1865. La rupture de la corde à la descente et la terrible chute ont fait l'objet de la célèbre lithographie réalisée par Gustave Doré. En ce 22 juillet 1871, l'ascension de Lucy Walker est la neuvième de cette montagne emblématique de Suisse : une prouesse effectuée en robe, corset, jupon et chapeau à crinoline… Comment Lucy a-t-elle imaginé ce projet ? Soutenue par son père Frank et son frère Horace, tous deux passionnés de montagne, elle est baignée dans cette culture anglaise de l'alpinisme victorien. Après avoir vécu au Canada, la famille est revenue à Liverpool où son père exerce comme marchand. Son frère Horace est un alpiniste en vue, il réalise la première ascension des Grandes Jorasses et celle de l'Elbrouz dans le Caucase. Il préside l'Alpine Club entre 1891 et 1893. Lucy a la chance de rencontrer le guide Melchior Anderegg qui la prend sous son aile expérimentée. Entre 1860 et 1871, elle réussit avec une certaine discrétion la première ascension féminine de nombreux sommets majeurs des Alpes : Grand Combin, Eiger, Strahlhorn, Lyskamm, piz Bernina, aiguille Verte, Weisshorn, Rimpfischhorn, Zumsteinspitze… Seules les Grandes Jorasses lui sont ravies par Meta Brevoort. Coolidge, le neveu de Meta, précise : « C'était une femme très remarquable pour avoir grimpé si régulièrement et si longtemps ! » Vingt-huit ascensions victorieuses sur des 4000, seize premières féminines et même la première ascension du Balmhorn (3 698 m) : le Cervin va venir couronner cette longue liste d'une carrière remarquable pour l'époque.

La conquête féminine de cette montagne reste une compétition symbolique entre Lucy et l'Américaine Meta Brevoort. Cette dernière se prépare à l'ascension depuis des années et a même atteint 4 000 mètres en 1869 sur le versant italien. L'escalade du Cervin est réputée difficile et longue, aujourd'hui encore. Partir de nuit après un bivouac précaire sous un caillou complique les premiers pas avec une petite lanterne. À l'époque, aucun refuge n'est encore construit. L'absence de crampons et l'utilisation de la corde en chanvre sont de bien maigres protections pour franchir les difficultés. Pourtant, Lucy Walker va oser. Avec son fidèle guide Melchior Anderegg, leur cordée est déjà solide et amicale depuis qu'ils gravissent les sommets suisses ensemble. Leur ascension de l'Eiger en 1864, avec le guide Christian Almer, est une première féminine marquante. Voici des années maintenant qu'elle sillonne les Alpes seule ou avec son frère et enchaîne les succès. En ce 22 juillet 1871, au petit jour, Zermatt est déjà loin, comme la coupe de champagne qu'elle a l'habitude de partager avant chaque ascension avec son guide. Sous ses bottines, le vide se

1. *Sur les traces de Lucy Walker*, film de de Gaëlle May et Michaël Rouzeau, 2022.
En streaming https://www.tv5mondeplus.com/fr/memoire-et-societe/histoire/sur-les-traces-de-lucy-walker

LUCY WALKER, PREMIÈRE FEMME AU SOMMET DU CERVIN, APRÈS UN ÂPRE DUEL AVEC META BREVOORT. ICI EN STUDIO, AVEC SES PARENTS, SON FRÈRE, SA SŒUR ET LES GUIDES SUISSES MELCHIOR ET JAKOB ANDEREGG (1864).

creuse, mais Lucy a une expérience fournie et un mental d'acier. La longue jupe contraint ses mouvements, mais elle avance bien. Le sommet apparaît au dernier moment, après ce mur raide et vertigineux qui a vu la chute dramatique de la cordée Whymper. Il faudra se méfier à la descente mais, en attendant, Lucy et Melchior célèbrent un succès historique : la première ascension féminine du Cervin est réalisée ! Meta Brevoort apprend rapidement la nouvelle et vient féliciter Lucy dans un geste d'élégance. Meta entreprend la traversée du Cervin quelques semaines après, le 5 septembre, en guise de compensation.
Paradoxalement, cette belle réussite fera l'objet d'un simple entrefilet dans la *Gazette du Valais* du 23 juillet 1871 et Lucy sera longtemps oubliée de l'histoire de cette montagne, étant même parfois dénigrée... Émile Javelle, alpiniste et écrivain, lui consacre ces flèches : « L'ascension par deux femmes est le dernier coup porté à la réputation du Cervin. »
Au musée de Zermatt,[1] la place donnée aux femmes dans l'alpinisme est très récente (seulement en 2023) puisque depuis des décennies, l'histoire de la montagne reste écrite par et pour les hommes...
Jusqu'en 1879, Lucy continue de gravir des montagnes et revient régulièrement voir son guide et ami Melchior Anderegg. Elle va également présider le Ladies' Alpine Club de 1913 à 1915, peu avant de mourir à l'âge de 80 ans. Une destinée d'exception.

1. https://www.zermatt.ch/fr/Histoire/focus-lalpinisme-feminin

LA CÉLÈBRE GRAVURE DE GUSTAVE DORÉ QUI ILLUSTRE LA PREMIÈRE ASCENSION DU CERVIN PAR LA CORDÉE D'EDWARD WHYMPER AVANT LE DRAME DE LA DESCENTE (1865).

ISABELLA, THE LADY

Ce surnom d'Isabella Straton lui vient de ses origines aristocratiques, de sa fortune héritée dans des circonstances tragiques à la mort de ses parents et de ses sœurs, mais surtout de ses choix iconoclastes. Dans cette époque victorienne, la montagne a la cote. L'aristocratie anglaise vient faire ses classes dans les Alpes et Isabella va nouer une amitié fidèle avec Emmeline Lewis Lloyd, passionnée de pêche et d'escalade, qui va l'initier à l'alpinisme. Rebelles, sportives et indépendantes, elles débutent ensemble leurs explorations dans les Pyrénées puis les Alpes. Dès 1869, elles tentent le Cervin et cet échec va forger le caractère engagé de leur cordée et fonder leur amitié. Après une des premières ascensions féminines du Viso, elles réalisent le 22 septembre 1871 la première ascension de l'aiguille du Moine avec deux guides chamoniards, Jean-Estéril Charlet et Joseph Simond. Jean-Estéril a côtoyé Michel Croz, auteur de la première ascension du Cervin, et hérité de son goût pour l'aventure. C'est déjà un guide réputé qui accompagne une clientèle huppée. Au Moine, il faut imaginer les quatre alpinistes en cordée mixte pour cette première, une originalité pour l'époque. Chercher l'itinéraire sur la face sud avec des passages d'escalade en fissure constitue un exploit avec un matériel rudimentaire, des cordes en chanvre, des chaussures en cuir et l'absence de pitons. Peu à peu, aux yeux de la jeune voyageuse, le guide se transforme en prince charmant. Les sentiments de Jean-Estéril à l'égard d'Isabella sont réciproques mais, pudeur et différence sociale obligent, ils n'osent se l'avouer. Cette ascension du Moine scellera pourtant une relation durable entre eux : en gage de cet amour inexprimé, il donnera son nom à la pointe Isabella qu'ils gravissent ensemble en 1875. Isabella aime les longues marches, elle est rustique et solide, âpre à l'effort. L'année 1876 sera celle du dénouement : le 31 janvier, ils réalisent la première ascension hivernale du mont Blanc, un véritable tour de force, puis ils se marient en novembre à Chamonix, assumant enfin leur amour, accolant leurs deux noms Charlet-Straton comme la corde relie la cordée.
Cette ascension en hiver est au cœur d'une compétition qui l'oppose à Meta Brevoort et au célèbre peintre Gabriel Loppé. Le défi est alors à la mode. Le 28 janvier 1876, la caravane d'Isabella, composée de deux guides et de deux porteurs, se met en chemin depuis l'hôtel des Alpes. Après la cabane des Grands Mulets, un accident va les contraindre à faire demi-tour. Le 31 janvier, la caravane repart à 3 h 40 du matin par - 13 °C. Sur le Grand Plateau, le thermomètre marque - 19 °C. Sur l'arête des Bosses, le froid devient très vif : au sommet de la première bosse, « Miss Straton s'aperçoit qu'elle a deux doigts de la main droite gelés. La caravane s'abrite et, à l'aide de vigoureuses frictions de neige, parvient à ramener la circulation »[1]. Isabella a déjà atteint le sommet du mont Blanc à quatre reprises en été. Les derniers pas sont difficiles et elle fait preuve d'un courage incroyable. La température au sommet est glaciale (- 25 °C), avec un fort vent du nord. Ils y parviennent à 3 heures de l'après-midi, après plus de onze heures d'efforts : « Au sommet, l'atmosphère est d'une pureté absolue et le regard saisit avec une grande netteté les reliefs, la neige couvre les montagnes et les plaines à perte de vue. » Le bonheur est bref tant le froid est mordant. En quatre heures, la cordée redescend vers les Grands Mulets pour se mettre à l'abri. Dès le lendemain, Chamonix célèbre leur succès avec force feux d'artifice, musique et population en liesse. Un prélude heureux à leur mariage

1. *Amours scandaleuses au mont Blanc*, Marcel Pérès, éditions Paulsen, 2014.

UNE CORDÉE ET UN COUPLE ATYPIQUES, ISABELLA STRATON ET JEAN-ESTÉRIL CHARLET.
© DR

célébré quelques mois plus tard, le 21 novembre 1876. La vie du couple prend le dessus sur celle de leur cordée : Jean-Estéril fera une magnifique carrière de guide avec de grandes premières (notamment au Petit Dru en 1878) et quelques ascensions solitaires. Il inventera la technique de la double corde pour le rappel. Avec Isabella, ils auront trois enfants et vivront tranquillement au hameau des Frasserands dans la vallée de Chamonix. Respecté, le couple inspire par son histoire et sa modernité. Ils seront les premiers à gravir en 1881 l'aiguille de la Persévérance, un sommet dans les Aiguilles-Rouges : cette « persévérance » est un hommage à leur couple, à leur esprit d'aventure et à leur amour. Isabella ne survivra pas longtemps à la mort, lors de la Grande Guerre, de leur fils Robert : *The Lady* disparaît dans la tristesse en 1918 après 80 ans d'une vie bien remplie.

L'EXCEPTIONNELLE KATE

En découvrant le carnet alpin de Miss Kate Richardson rédigé par Mary Paillon, nous restons médusés... Une liste incroyable de courses réalisées entre 1871 et 1900 : des dizaines de premières féminines – la Meije, la barre des Écrins, les Drus en traversée... –, des 4000 à foison bouclés en quelques jours, des enchaînements techniques, des escalades entre femmes ! Kate est un monument de l'alpinisme qui relativise bien des exploits réalisés depuis.

Née en Angleterre en 1854, elle découvre les Alpes en 1871 lorsqu'elle effectue le 15 août sa première randonnée sur le glacier du Gorner : une révélation ! Du Valais à l'Engadine, sa première saison lui permet de goûter à la beauté des Alpes. Ce sera un souvenir lumineux qui orientera sa vie. Sa carrière alpine débute véritablement en 1879. À cette époque, il faut se souvenir que les Alpes étaient non-aménagées et sans téléphérique, que les déplacements se faisaient à pied. Bien sûr, nous pourrions diminuer la nature des exploits de Kate Richardson en indiquant qu'elle était souvent accompagnée de guides, et non des moindres. Dans son carnet de courses[1], rédigé par son amie Mary Paillon en 1943, nous comprenons qu'une amitié fidèle relie les deux femmes leur vie durant. Ce carnet, modeste mais passionnant, pose le sujet : « Dans l'histoire alpine de 1880 à 1895, Kate Richardson tient une place exceptionnelle, non seulement parmi les grimpeuses femmes, si rares à cette époque, mais aussi dans l'alpinisme mondial. »[2] Kate est aussi citée comme une référence majeure par Micheline Morin dans son livre *Encordées*. En feuilletant les livres d'histoire de l'alpinisme, Kate a disparu... et pourtant. Si nous citons simplement la saison 1882, elle va enchaîner le 19 juillet le Rimpfischhorn (4 203 m), le 25 juillet le Rothorn de Zinal (4 223 m), le 27 juillet le Weisshorn (4 512 m), le 29 juillet le mont Rose (4 638 m) et le 1er août le Cervin (4 482 m), ce dernier gravi de Zermatt à Zermatt avec un départ à 22 h 30, le sommet à 9 heures du matin et un retour à Zermatt à 16 h 30. La presse va souligner la performance. Mais la saison n'est pas encore terminée, car le 5 août elle va gravir la dent Blanche (4 364 m), le 9 août l'aiguille d'Argentière (3 901 m), le 12 août l'aiguille du Midi (3 842 m) depuis le Montenvers... En vingt-cinq jours de montagne, huit sommets de 4000 dans deux massifs distincts. À la cime du Grand Paradis qu'elle vient de gravir en 1886 avec le grand guide valdôtain Émile Rey, ce dernier lui dit : « J'irai avec vous n'importe où. »
Katharine Richardson était une femme d'une endurance peu commune : « Elle ne dort pas, ne mange pas et marche comme un diable », disait d'elle Émile. Ensemble, ils réalisent de nombreuses ascensions dont trois premières majeures : la première féminine à la Meije, la première ascension (tous genres confondus) de l'aiguille de Bionnassay en traversée en 1888, alors considérée comme impossible, et la traversée des Drus en 1889. Cette année 1888 est aussi celle de la rencontre avec Mary Paillon en Oisans : « Alors qu'elle était à La Grave, l'hôtelier vint chercher Mary pour lui montrer au télescope un spectacle étonnant : pour la première fois, on voyait flotter une jupe sur la plus haute cime de la Meije ! C'était Miss Richardson qui venait de réussir la première

KATE RICHARDSON ENTOURÉE DE SES GUIDES ÉMILE REY ET JEAN-BAPTISTE BICH AU PIED DE LA STATUE D'HORACE BÉNÉDICT DE SAUSSURE ET JACQUES BALMAT, CHAMONIX (FRANCE, 1888).

1. « Une grande alpiniste, Miss Kate Richardson », *L'Écho de Savoie*, Lyon, 1943.
2. Mary Paillon.

SAUSSURE

UNE GRANDE ALPINISTE

Miss Kate Richardson

Liste de Courses et Souvenirs
PAR
Mary PAILLON

DES PRESSES DE « L'ÉCHO DE SAVOIE »
32, Cours Gambetta
LYON

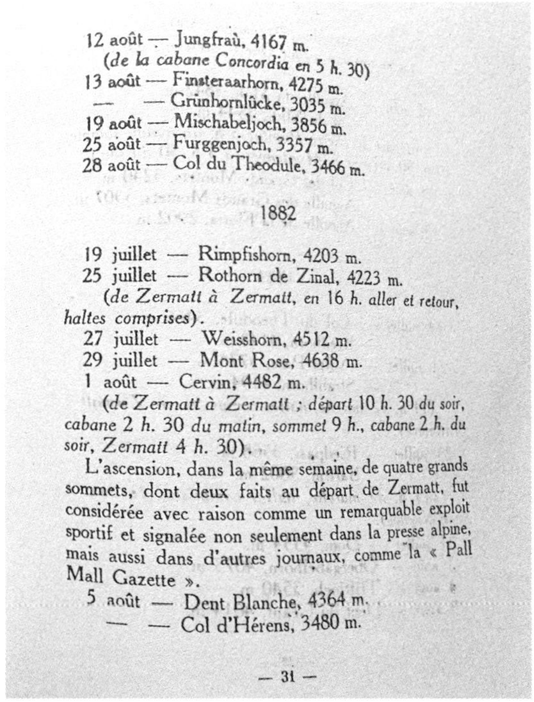

12 août — Jungfraü, 4167 m.
(*de la cabane Concordia en 5 h. 30*)
13 août — Finsteraarhorn, 4275 m.
— — Grünhornlücke, 3035 m.
19 août — Mischabeljoch, 3856 m.
25 août — Furggenjoch, 3357 m.
28 août — Col du Theodule, 3466 m.

1882

19 juillet — Rimpfishorn, 4203 m.
25 juillet — Rothorn de Zinal, 4223 m.
(*de Zermatt à Zermatt, en 16 h. aller et retour, haltes comprises*).
27 juillet — Weisshorn, 4512 m.
29 juillet — Mont Rose, 4638 m.
1 août — Cervin, 4482 m.
(*de Zermatt à Zermatt ; départ 10 h. 30 du soir, cabane 2 h. 30 du matin, sommet 9 h., cabane 2 h. du soir, Zermatt 4 h. 30*).

L'ascension, dans la même semaine, de quatre grands sommets, dont deux faits au départ de Zermatt, fut considérée avec raison comme un remarquable exploit sportif et signalée non seulement dans la presse alpine, mais aussi dans d'autres journaux, comme la « Pall Mall Gazette ».

5 août — Dent Blanche, 4364 m.
— — Col d'Hérens, 3480 m.

— 31 —

féminine du Grand Pic. » Accompagnée de Jean-Baptiste Bich, guide de Valtournenche, et de Pierre Gaspard, premier ascensionniste de la Meije en 1877, Kate signait un exploit historique. La course est réalisée de La Bérarde en aller-retour, sans escale dans une cabane et dans un temps record. Sa signature. Mary Paillon de son côté traverse le même jour la Brèche de la Meije et, en arrivant à La Bérarde, le père Gaspard les présente : une amitié va naître, qui durera jusqu'à leur mort. Elles partageront leurs vies à Lyon pendant des années.

Lorsqu'elle réussit la première traversée de l'aiguille de Bionnassay au dôme du Goûter – traversée réputée impraticable, d'après Coolidge –, elle quitte la Cantine de la Visaille (1 659 m) à 0 h 15, arrive au sommet de l'aiguille de Bionnassay (4 052 m) à 10 heures, et au dôme du Goûter (4 304 m) à 13 h 20, après la traversée des arêtes, dont 100 mètres en glace vive qui durent être franchis à califourchon sur l'arête. Elle veut continuer vers le sommet du mont Blanc, mais celui-ci ayant « mis son chapeau », ils abandonnent la dernière partie de l'ascension. Après la Meije et Bionnassay, Kate va affronter l'été 1889 un défi que les guides de Chamonix n'ont pas encore complètement réussi : la traversée des Drus. Avec Émile Rey et Jean-Baptiste Bich, cette ascension réalisée le 30 août sera encore une course éclair : départ du Montenvers à minuit, sommet du Petit Dru à 9 h 50, Grand Dru à 13 h 35, Montenvers à 22 h 15… L'escalade est technique, mais « elle glisse sur le rocher comme un lézard », observe le guide Michel Payot. Kate est une excellente grimpeuse.

Après leur rencontre à La Bérarde, Kate et Mary Paillon s'installent ensemble à Lyon et réalisent en 1891 la première 100 % féminine de l'aiguille méridionale d'Arves. Aux abords du sommet, Mary veut s'effacer pour laisser passer sa compagne, mais celle-ci, avec délicatesse, insiste : « Montez la première, dit-elle, j'ai la Meije, prenez l'aiguille d'Arves. » Toutes deux font leurs courses en jupes, qu'elles relèvent au-dessus du genou, à l'aide de boutons, lorsque l'escalade devient vraiment acrobatique. Mary Paillon, dont la vue n'était pas excellente, porte des lorgnons. Ses yeux s'affaiblissent au point qu'un jour, en descendant du Pelvoux, elle tombe, sa chute immédiatement enrayée par Kate. Cet incident met un terme à la carrière d'alpiniste de Mary. Kate, par un « raffinement de délicatesse », renonce elle aussi à pratiquer l'alpinisme par amitié. Jusqu'en 1900, elles continuent de voyager et de découvrir les montagnes. La dernière ascension de Kate sera le Buet, le « mont Blanc des dames ». Cette période est pour elle celle de la peinture et de la contemplation. Quant à Mary, elle écrit de nombreux articles et des chroniques, notamment pour des revues de montagne et d'excursion. Kate devient vice-présidente du Ladies' Alpine Club en 1910.

Avant Kilian Jornet ou d'autres adeptes du *speed climbing*, Kate Richardson avait posé les jalons. Elle aura gravi entre 1879 et 1895 vingt-sept sommets de plus de 4 000 mètres dans des temps incroyables, aura signé des premières et une multitude de sommets techniques. Sa discrétion, son éthique, sa rapidité et ses ascensions brillantes en font un repère important de l'alpinisme féminin.

EN HAUT
EXTRAIT DE L'IMPRESSIONNANTE LISTE DE COURSES DE KATE RICHARDSON.

EN BAS
PORTRAIT DE MARY PAILLON (1848-1946), L'AMIE FIDÈLE DE KATE ET AUTRICE DE SA BIOGRAPHIE.

POUR QUELQUES DOLLARS DE PLUS…

Une autre histoire défraie la chronique au début du XXe siècle : la compétition entre deux aventurières américaines. À une époque où rien ne prédestinait les femmes à gravir les sommets, Fanny Bullock Workman et Annie Peck ont exploré les montagnes du monde. Elles ne se sont jamais croisées et ont eu des parcours assez différents.

Fanny Bullock est née en 1859 dans une famille riche et aristocratique. Son père est un homme d'affaires et il est gouverneur du Massachusetts. Elle se marie avec William Workman qui l'initie à l'alpinisme, d'abord aux États-Unis puis, ensemble, ils parcourent l'Europe, l'Afrique et l'Inde à vélo. Leur passion les conduit ultérieurement vers des expéditions himalayennes.

Être la femme « la plus haute » et franchir la barre symbolique des 7000 mètres est l'obsession de Fanny. En 1906, à 47 ans, son projet est d'aller dans le massif du Nun Kun gravir le Pinnacle Peak à 7010 mètres, pense-t-elle. Il sera ensuite mesuré à 6930 mètres. Accompagnée par des guides de Courmayeur, dans un froid glacial, Fanny atteint le sommet tandis que son mari est resté plus bas.

En 1912, la voilà qui repart pour l'expédition Fanny Bullock Workman. L'alpiniste se justifie ainsi : « Inscrire mon nom complet sur la carte de l'expédition est uniquement au bénéfice de l'accomplissement des femmes. Maintenant et à l'avenir, il faut savoir qu'une femme était l'initiatrice et le chef de cette expédition. Quand plus tard, la femme occupera sa place reconnue de travailleuse dans tous les domaines, une telle mise en avant de ses efforts ne sera plus nécessaire. Mais ce jour n'est pas tout à fait arrivé, et à présent, il incombe aux femmes, pour le bénéfice de leur sexe, de consigner ce qu'elles font. »

Annie Smith Peck, quant à elle, est née le 19 octobre 1850 à Providence (Rhode Island). C'est aussi une riche héritière : son père est juriste, marchand et membre de la Chambre des représentants des États-Unis. Elle ne s'est jamais mariée et elle a découvert la montagne lors de ses études en Europe. Mais c'est en Amérique du Sud qu'elle réalise ses plus belles ascensions. Le 2 septembre 1908, accompagnée de deux guides suisses, elle est la première à atteindre le sommet nord du Huascarán au Pérou, dont l'altitude est alors estimée à 7315 mètres. Cet exploit fait d'elle la femme alpiniste étant parvenue à l'altitude la plus élevée… dépassant donc le précédent record

CI-CONTRE
PORTRAIT D'ANNIE SMITH PECK (1850-1935).
© DR

PAGE DE DROITE
L'ALPINISTE AMÉRICAINE PHOTOGRAPHIÉE EN ÉQUIPEMENT DE HAUTE ALTITUDE EN 1908.
© GRANGER/BRIDGEMAN IMAGES

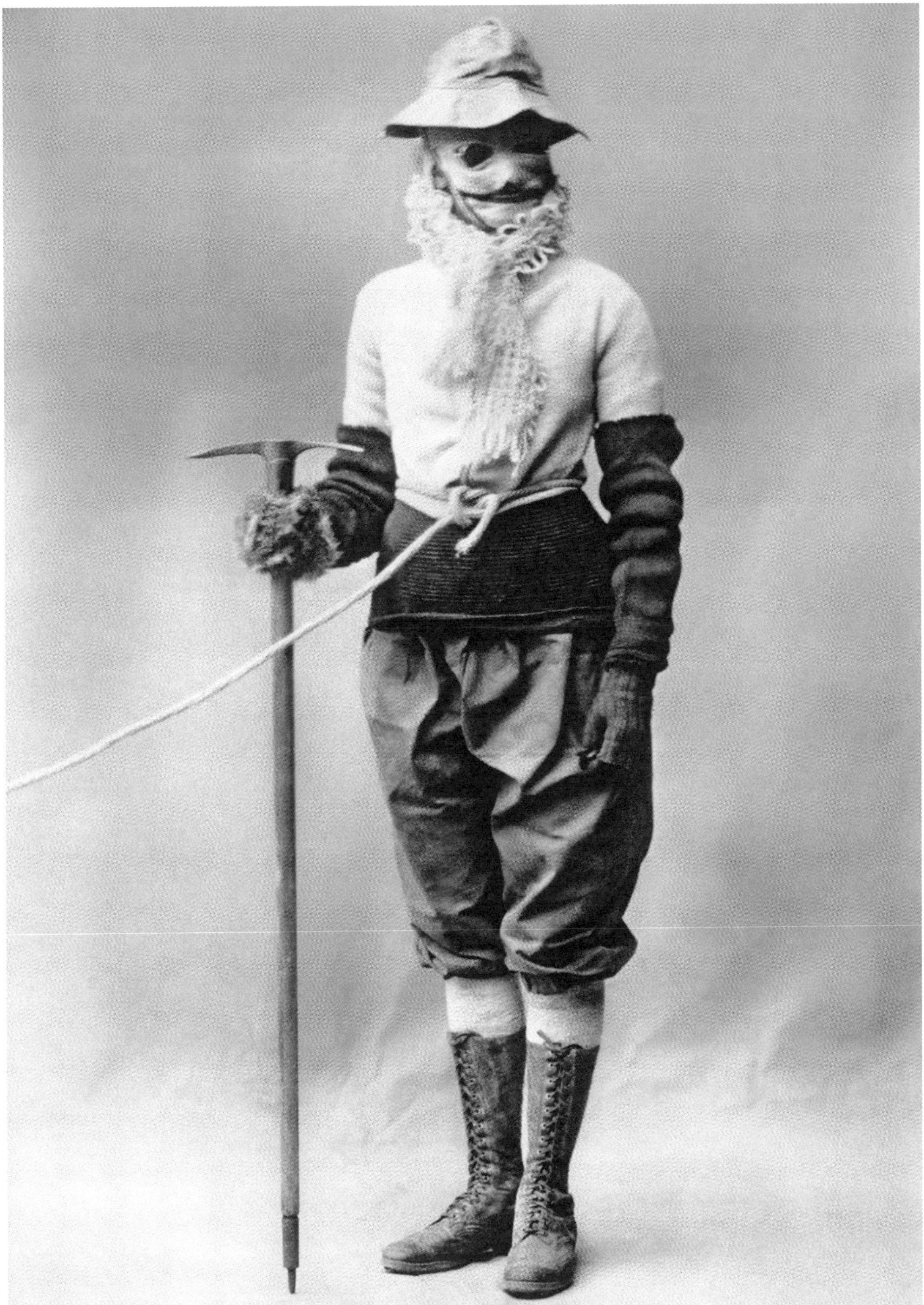

de Fanny Bullock qui avait gravi le Pinnacle Peak en Himalaya en 1906. Vexée, Fanny offre 13 000 dollars, une somme énorme, à une équipe de la Société française d'études topographiques pour établir précisément l'altitude de la montagne andine. Mesures prises, la hauteur du Huascarán est finalement ramenée à 6 700 mètres.

La revue *Le Journal* du 5 décembre 1913 revient plus tard sur l'épisode : « La femme qui voulait être la plus haute du monde à la place de la femme la plus haute du monde : la voyageuse intrépide à qui revient l'honneur d'avoir visité des régions où nul, avant elle, n'avait jamais mis le pied, jouit, à juste titre, d'une universelle renommée. Ses succès n'ont pas été sans susciter la jalousie de quelques-unes de ses rivales. L'une d'elles, Miss Annie Peck, ne prétendait-elle point être montée jusqu'au sommet du Huascarán, dans les Andes péruviennes, dont l'altitude est de 7 300 mètres ? Une vérification s'imposait. Madame Bullock Workman pria un Français, Étienne de Larminat[1], dont la science était une garantie suffisante, de s'en aller à la cordillère des Andes. Ce qu'il fit. Ses calculs terminés, il annonça au monde que le pic atteint par Madame Bullock Workman avait une altitude supérieure de 300 mètres à celui de Miss Annie Peck. Madame Bullock Workman est donc, scientifiquement, la recordwoman de l'alpinisme. »

Fanny Bullock Workman reste donc la femme la plus haute du monde, record qu'elle gardera jusqu'en 1934 lorsque la Suisse-Allemande Hettie Dyhrenfurth atteint 7 315 mètres dans le Karakorum, record lui-même inégalé pendant encore vingt ans !

---

1. https://www.persee.fr/doc/geo_0003-4010_1910_num_19_108_2765

À GAUCHE
UNE TRAVERSÉE DE RIVIÈRE LORS DE L'ASCENSION DU PINNACLE PEAK (6 930 M), LE SOMMET DE LA DISCORDE – GLACIER ROSE, NUN KUN, 1906.
© LIBRARY OF CONGRESS

À DROITE
FANNY BULLOCK EN 1905.
© PVDE/BRIDGEMAN IMAGES

MARGUERITE, UNE REINE AU SOMMET

Marguerite de Savoie, reine d'Italie et alpiniste, est née en 1851 à Turin, alors capitale du royaume de Piémont-Sardaigne. Elle est la fille de Ferdinand II de Savoie et d'Elisabeth-Thérèse de Bavière. Marguerite est destinée à une vie royale, mais elle va également devenir une figure de l'alpinisme. Blonde et élégante, connue pour sa piété, elle montre un intérêt pour l'escalade dès son enfance avec son père. Inspirée par les montagnes qui entourent Turin, elle commence à gravir des collines. Son goût pour l'aventure et sa détermination à conquérir de nouveaux sommets ne font que croître avec le temps.

À 16 ans, Marguerite est mariée à son cousin germain, le prince Humbert de Savoie, futur roi d'Italie. Cette union connaîtra une fin tragique le 29 juillet 1900, avec l'assassinat du roi par l'anarchiste Gaetano Bresci. Son mariage malheureux – le couple ne s'entendait visiblement pas – ne mit pas fin à sa passion pour l'alpinisme, au contraire. Sa ténacité lui valut rapidement une réputation dans le cercle des alpinistes de l'époque. Comme reine consort d'Italie à partir de 1878, Marguerite ne se distingue pas par son ouverture à la modernité et à la démocratie, mais elle continue de promouvoir l'exploration des montagnes en soutenant financièrement plusieurs expéditions. Indirectement, elle contribue à populariser ce sport auprès des classes aristocratiques européennes. Marguerite se rend régulièrement dans son château de Savoie qu'elle fait construire à Gressoney-Saint-Jean dans la vallée du Lys. De là, elle organise avec les guides locaux l'ascension du mont Rose, un des 4000 des Alpes, qui domine sa demeure. Elle gravit la montagne à plusieurs reprises. En août 1889, elle passe sept jours à Zermatt et visite les alentours. C'est là qu'elle décide la construction d'une cabane d'altitude qu'elle souhaite établir au sommet du mont Rose pour en faire également un observatoire scientifique. Inaugurée le 18 août 1893, la cabane Margherita est toujours la plus haute d'Europe à 4 558 mètres d'altitude. Dans la longue caravane des guides qui chemine sur le glacier du Lys, on distingue le baron Louis Beck Von Peccoz, son ami fidèle et confident. Marguerite aimait la vallée de Gressoney, et voyait dans le mont Rose un lieu pour se ressourcer et oublier son mariage malheureux. Mais le destin va lui enlever son ami Louis, victime d'un malaise en sa présence lors d'une expédition au mont Rose en 1894. Membre d'honneur de l'Alpine Club, première femme reconnue par cette institution après la chienne Tschingel de Meta Brevoort, Marguerite est connue pour cette pizza éponyme qui figure à la carte des pizzérias du monde entier. Créée en 1889 en son honneur lors d'une visite du couple royal à Naples, elle combine le rouge de la tomate, le blanc de la mozzarella et le vert du basilic, les trois couleurs du drapeau italien… Au-delà de la pizza, son nom reste associé à l'esprit d'aventure. Marguerite de Savoie décède le 29 janvier 1926, laissant derrière elle un fils, Victor-Emmanuel, roi d'Italie de 1900 à 1946, une pizza, un château et un refuge d'altitude.

EN HAUT
TRANSPORTÉE PAR UN TRAÎNEAU SUR LE GLACIER DU LYS (1893).

EN BAS, À GAUCHE
LA REINE MARGUERITE DE SAVOIE DEVANT LE REFUGE QUI PORTE SON NOM (CONSTRUIT AU SOMMET DE LA POINTE GNIFETTI À 4 558 M, MONT ROSE, ITALIE). GRAVURE D'ERNESTO MANCASTROPA D'APRÈS UNE PHOTO DE VITTORIO SELLA (10 SEPTEMBRE 1893).

EN BAS, À DROITE
LA REINE MARGUERITE DE SAVOIE.

S'UNIR POUR EXISTER

Être visible : cet enjeu est un combat continuel des femmes à travers les décennies. Comment être bien représentée et participer à la vie des clubs alpins d'Europe et du monde ? Il faut s'unir pour exister et défendre un espace d'expression que les hommes protègent jalousement. En montagne, à l'image de la société civile, cette visibilité va prendre du temps. Le droit de vote des femmes ne s'ouvre que très lentement au début du xxe siècle (avec en 1893, le suffrage universel accordé aux femmes en Nouvelle-Zélande, puis Australie, Finlande, Norvège), suscitant partout débats et controverses. Dans la vieille Europe, le mouvement va s'accélérer après la Première Guerre mondiale. De son côté, le monde de la montagne reste assez conservateur.

Fondé en 1857 en Angleterre, l'Alpine Club est la première de ces institutions et se veut un lieu créé par les hommes, pour les hommes : impensable d'y accepter une femme. La seule solution est donc de fonder leur propre club : c'est ainsi qu'en 1907, le Ladies' Alpine Club est institué. D'abord dirigé par l'archevêque de Bristol, Elisabeth Leblond en prend la présidence en 1908 ; puis en 1913, ce sera la célèbre Lucy Walker qui avait gravi le Cervin en 1871. Il faut noter qu'Elisabeth (Lyzzie) Leblond est une grande figure de cette période par ses ascensions, son exploration de l'Arctique, ses films et ses photos. L'Alpine Club ne s'ouvre aux femmes qu'en 1973, peu avant de fusionner avec le Ladies' Alpine Club. De 1857 à aujourd'hui, une seule femme présidera l'Alpine Club : Lady Denise Evans, fille de Néa Morin, mariée à Sir Charles Evans, membre de l'expédition à l'Everest de 1953. L'Alpine Club reste finalement une histoire très consanguine entre *Sir* et *Lady*...

Plus alternatif, le Pinnacle Club[1], fondé en 1921, est toujours très actif aujourd'hui. Il se présente comme un club d'escalade d'excellence pour femmes *only*. Une des légendes de ce club est Gwen Moffat, première femme guide anglaise. Les fondatrices sont anticonformistes : aimant la vie rude des refuges, elles dessinent un état d'esprit élitiste et aident les jeunes femmes à être autonomes.

En Suisse, le sexisme est similaire à celui des Anglais, puisqu'il faudra attendre 1979 pour que le club alpin accepte enfin les femmes. Dès 1918, en réaction, un club suisse des femmes alpinistes (CSFA) est créé à Lausanne par une hôtelière, Aline Margot-Colas, et compte dès 1921 douze sections et sept cents membres. Le club alpin suisse intègrera le CSFA en 1980...

Le phénomène austro-allemand est ambigu puisqu'il lie alpinisme et politique dès le départ. Suite à la défaite d'Iéna en 1806, une doctrine grandit en Autriche-Hongrie et en Allemagne, conceptualisée par Friedrich Ludwig Jahn, qui veut « réconcilier les différentes classes de la nation et rendre la race allemande plus vigoureuse et plus consciente de sa force ».

Le premier mouvement sportif est initié autour de la gymnastique[2] et l'alpinisme va suivre cette dynamique avec la création d'un premier

EN HAUT
LE PINNACLE CLUB, LÉGENDAIRE ASSOCIATION DE FEMMES ALPINISTES ET GRIMPEUSES, FONDÉ EN 1921 EN ANGLETERRE.

EN BAS, À GAUCHE
***FOLLOW MY LEADER* : QUAND MADEMOISELLE LOTTIE DOD S'ENGAGE DANS LA PAROI...**

EN BAS, À DROITE
DOROTHY PILLEY, MEMBRE ÉMINENT DU PINNACLE CLUB ET SECRÉTAIRE DE LA LIGUE PATRIOTIQUE DES FEMMES BRITANNIQUES (1926).

1. https://www.pc100.org/
2. Qui compte dès 1862, 130 000 adhérents et, à la veille de 1914, 1,2 millions d'adhérents.

club alpin[1] à Vienne (Autriche) en 1862. Puis en 1869, c'est la création par des dissidents mécontents du puissant club alpin allemand (DAV). Le DAV (Deutscher Alpenverein) compte aujourd'hui 990 000 membres et l'ÖAV (Österreichischer Alpenverein), 578 000 membres : ce sont les deux plus grands clubs alpins au monde. Dès 1899, la section de Brandebourg mentionne dans ses statuts « les Aryens » et écarte les non-chrétiens. En 1905, la section de Vienne introduit une clause d'exclusion explicite des non-Aryens, qui prendra des formes antisémites et s'étendra à l'ensemble des sections. Le DAV devient progressivement une organisation proche du régime nazi, ce qui conduira à sa dissolution par les Alliés en 1945. Il sera recréé en 1952.

1. ÖAV (Österreichischer Alpenverein).

La place des femmes est un angle mort de son histoire : elles n'en sont pas formellement exclues à la création. Faiblement représentées, elles ne sont en 1889 que 7 membres pour 125 hommes de la section de Garmisch-Partenkirchen. À la section de Munich, on remarque la présence de l'archiduchesse Marie-Thérèse qui deviendra reine de Bavière. La section Bayerland, particulièrement traditionaliste, n'acceptera les femmes qu'en 1990. Une des figures de ces premières époques est Anna Voigt, considérée en 1878 par la presse comme une « sorcière » des montagnes.
En Italie, dès sa création en 1863, le club alpin accepte timidement les femmes (trois femmes en 1872, toutes aristocrates). Et comme en Allemagne, le club alpin italien (CAI) deviendra un instrument du fascisme dans les années 1930. La propagande va se saisir de figures comme Paula Wiesinger pour promouvoir son idéologie.
La seule exception notable est le club alpin français (CAF) qui autorise significativement les femmes dès sa création en 1878. En 1900, sur les 6 000 membres, on compte 300 femmes. Une initiative notable sera la création des caravanes scolaires de jeunes filles en 1879, généralisées à partir de 1906, prélude original à l'esprit de Jeunesse et Montagne. Mais la devise initiale du club alpin laisse rêveur : « Pour la patrie, par la montagne. » Aujourd'hui en France, des groupes 100 % féminins prônent l'émancipation des femmes en montagne. Parmi les initiatives, citons *Girls to the Top* lancé en 2013 et plus récemment, *Lead the Climb* en 2018. Des formations féminines qui incitent les femmes à grimper, marcher, skier entre elles, prendre confiance et gagner en autonomie.

En Chine et en Russie, la Révolution d'octobre 1917 et la propagation du communisme inscrivent le sport et l'alpinisme dans le renouveau du prolétariat contre les puissances occidentales, bourgeoises et « décadentes ». Les sections alpinisme du Spartak de Moscou s'ouvrent aux femmes sous le contrôle des « maîtres d'alpinisme » comme Vitali Abalakov. En URSS, les femmes sont pilotes de chasse, soldats, fonctionnaires... La révolution prolétarienne leur ouvre la plupart des métiers et ce sera aussi le cas en Chine. Phanthog, qui sera la première Chinoise à l'Everest, est invitée à des expéditions officielles dès les années 1950. En réalité, « les alpinistes de Mao[1] ou de Staline » n'ont pas le choix : il faut porter haut les valeurs du communisme, quoi qu'il en coûte en termes de mensonges et d'endoctrinement. Ce récit national d'un « himalayisme socialiste » a été repris dans des films de propagande. L'ouverture au monde n'interviendra qu'à la mort de Staline et de Mao avec des échanges d'alpinistes internationaux, notamment lors de la création en 1972 du camp international d'alpinistes, au pied du pic du Communisme.
Aux États-Unis, la philosophie est bien différente : l'accès aux femmes est acquis dès la création en 1902 de l'American Alpine Club, avec quatre femmes cofondatrices, notamment Annie Peck et Fanny Bullock Workman, connues toutes deux pour être d'actives suffragettes. L'esprit d'ouverture est la signature de l'AAC, comme son engagement pour affronter les enjeux écologiques. Son second président est John Muir, qui prône une démarche avant-gardiste de protection de la nature affirmée dans ses statuts[2]. Ce club sera celui le plus actif dans l'intégration des femmes et la protection de la nature.

REVENDICATION AU SOMMET : FANNY BULLOCK MILITE POUR LE VOTE DES FEMMES EN 1911 À 7 000 MÈTRES D'ALTITUDE. UN ACTE FORT QUI S'INSCRIT DANS L'ESPRIT DES SUFFRAGETTES.

1. Cédric Gras a publié deux livres sur les alpinistes de Staline et de Mao aux éditions Stock.
2. *« We provide knowledge and inspiration, conservation and advocacy, and logistical support for the climbing community. »*

PREMIÈRES DE CORDÉE

1914-1968

UNE CORDÉE FÉMININE D'EXCEPTION COMPOSÉE DE MICHELINE MORIN, NEA MORIN ET ALICE DAMESME AU REFUGE DE L'AIGLE APRÈS LA TRAVERSÉE DE LA MEIJE (1933).
© ALPINE CLUB

Le siècle d'or de l'alpinisme se termine : du mont Blanc au Cervin, de la Meije jusqu'à l'Olympe, les voies normales vers les sommets sont toutes explorées. Un nouvel ordre va se mettre en place, accéléré par la Première Guerre mondiale qui libère les femmes de la domesticité pour assurer le fonctionnement des pays en l'absence des hommes : l'hécatombe sur le front leur impose de prendre place dans toutes les fonctions essentielles à l'économie. Elles accèdent ainsi à une autonomie et une forme de liberté jamais vécues auparavant.

Ce bouleversement s'accélère en Europe après 1918 : la crise économique, la montée des nationalismes en Italie et en Allemagne, le mouvement du Front populaire et les congés payés en France permettent une redistribution des rôles. Après la période des pionnières, souvent encordées derrière des guides, nous entrons dans cette nouvelle ère. Les femmes vont sortir de la position d'éternelles secondes pour devenir « premières de cordée ». C'est une rupture avec l'ordre social établi, une petite révolution culturelle, même si cela ne concerne qu'une minorité souvent épaulée par des pères ou des maris qui les initient et les soutiennent.

Cette période est riche de personnalités courageuses qui s'engagent contre les préjugés et osent sortir du cadre. La pratique de l'alpinisme au féminin évolue ainsi d'une forme aristocratique de la classe privilégiée vers une démocratisation plus équitable et plus ouverte. Les premières cordées constituées de femmes osent s'affronter à des escalades difficiles. Les barrières tombent.

SARCASTIQUE ET JUSTE : LE TON DE MICHELINE MORIN EST UNE PROVOCATION À L'ÉGARD DES HOMMES (LUI) ET UNE INVITATION À REVOIR LA PLACE DES FEMMES DANS LA CORDÉE. EXTRAIT DU LIVRE *ENCORDÉES*.

ALPINISME GALANT

Dès l'instant qu'on s'occupe d'alpinisme féminin il paraît bien difficile de passer sous silence cette forme un peu spéciale, mais plaisante et aimable, du sport alpin, puisque aussi bien l'élément féminin y joue un rôle de premier plan.

Sans doute un tel genre d'alpinisme n'est-il pas nouveau ; cependant, depuis quelque temps il semble recruter en France de plus en plus d'adeptes, tous fervents bien entendu.

L'alpinisme galant comporte des règles fixes et précises que l'on ne peut enfreindre sans cesser du même coup de le pratiquer. Une de ces règles essentielles est qu'il faut être deux : *Lui* et *Elle*. On peut aussi être quatre, mais c'est moins bien ; trois, c'est de la camaraderie ; deux est sans contredit le nombre parfait.

Lui est toujours un bon alpiniste, *Elle* une débutante, et s'il n'est pas nécessaire que *Lui* soit plus âgé qu'elle, par contre il est indispensable qu'*Elle* soit charmante.

Dans la plupart des cas, *Lui* est un grand alpiniste sur le retour. Las des expéditions ardues où l'on cueille à la fois et la peine et la gloire, il demande enfin à la Montagne des joies moins austères. Et si merveilleuse est celle-ci en la diversité de ses présents, qu'elle lui donne désormais le plaisir de contempler

180 ENCORDÉES

un des visages les plus aimables de l'alpinisme après ne lui en avoir montré que le plus sévère.

Qu'il prenne bien garde celui qui se sent un beau jour attiré par l'alpinisme galant, et qu'il ne s'y trompe pas ; la voie dans laquelle il va s'engager, voie de renoncement, mène pas à pas à la vieillesse ! — vieillesse sportive, bien entendu. Et qu'il mesure aussi toute la portée de sa décision : quiconque abandonne la lutte et sort de la lice ne peut plus guère songer à y rentrer.

Ainsi donc le voilà *Lui*, décidé à initier sa gentille camarade à l'âpre et joyeuse vie de l'alpiniste. C'est là un sentiment généreux qui lui fait grandement honneur.

Les courses faciles qu'*Il* va entreprendre avec *Elle* ne seront pas obligatoirement de tout repos, car le fait qu'*Elle* est charmante n'implique pas toujours la certitude qu'*Elle* soit légère ! Et telle course qui les aura vus partir pleins d'entrain et papillonnants peut les trouver quelques heures plus tard, *Lui* changé en cabestan et *Elle* en sac de farine ! Lourde, lourde rançon de l'alpinisme galant ! Il est vrai que ces efforts musculaires trouvent en eux-mêmes leur juste récompense, car enfin, qu'y a-t-il de plus plaisant pour *Lui* que de voir arriver au bout de la corde qu'*Il* tire un aimable paquet en complet désarroi tant vestimentaire qu'intellectuel pour s'en être allé « valdinguer » sur quelque paroi de rocher, au-dessus d'horribles précipices ? *Elle*, encore palpitante d'émoi, ne se tient plus d'admiration et de reconnaissance pour celui qui vient de lui sauver la vie, tandis que *Lui* savoure silencieusement la petite satisfaction d'amour-propre que lui apporte cette nouvelle preuve musculaire de sa supériorité. Et, bon garçon, *Il* la rassure gentiment.

Parfois, plus malin mais moins galant, il estime que point n'est besoin de se donner tant de peine. Aussi téméraire dans la conception que prudent dans l'exécution, il propose les objectifs les plus audacieux; rien ne l'effraie, même pas les « premières ».

IMPRESSIONS DE MONTAGNE 181

Celui-là suivi de sa compagne dépasse rarement la rimaye, ou si peu...

Chacun sait que c'est au lever du jour que le temps hésitant jusque-là prend enfin le parti d'être beau ou mauvais, et que c'est aussi au lever du jour que les alpinistes ont coutume de franchir les rimayes. A ce moment il est bien rare qu'il n'y ait pas dans quelque coin du ciel un petit nuage à la forme inquiétante, avant-coureur des tempêtes, qui exige un demi-tour immédiat. Si par malchance le ciel s'obstine à rester parfaitement pur, *Lui* peut se rabattre sur la qualité de la neige qui devient nettement alarmante et risque de mettre dans quelques heures la cordée en mauvaise posture ; et vite avant qu'il ne soit trop tard on rebrousse chemin. *Lui* et *Elle* sont de retour au refuge vers neuf ou dix heures du matin, généralement accompagnés du soleil le plus radieux ! Tous deux sont enchantés, *Lui* de sa ruse, *Elle* de leur sagesse, et le but est atteint, car n'en doutons pas, ce qui est glorieux, ce n'est pas d'avoir conquis un sommet, mais bien plutôt d'être parti pour une grande course !

Pendant l'ascension *Elle* est généralement d'humeur charmante, très fière d'être emmenée par un grand alpiniste ; et puis *Elle* est si contente de porter des culottes ! C'est un fait amusant que de tous temps les femmes aient raffolé à ce point du travesti. « Ma culotte me va-t-elle bien ? » — « Ne me fait-elle pas trop grosse ? »

Elle est souvent aussi très crâne. Son étonnante bravoure provient en partie de sa grande ignorance, mais bien plus encore de la confiance totale et aveugle qu'*Elle* a dans son guide et partenaire. Que celui-ci lui dise : « Sautez » de pointe en pointe sur l'arête du Grépon, *Elle* hésiterait : « Croyez-vous ? » répondrait-elle.

Mais il arrive que ce grand courage fléchisse et que, cédant à la crainte devant quelque méchant passage, *Elle* se mette à fondre en larmes... *Elle* choisit en général le coin le plus exposé aux chutes de pierres ou de séracs pour s'arrêter et gémir d'une voix mouil-

LA TENTATION DE L'OLYMPE

La première ascension de l'Olympe est réalisée en 1913 par le Suisse Frédéric Boissonnas accompagné d'un chasseur de chamois, Christos Kakkalos. Elle achève l'âge d'or de l'alpinisme et ouvre symboliquement une nouvelle époque. La Première Guerre mondiale bouleverse l'Europe en profondeur, tant sur le plan géopolitique que social. Avec l'armistice de 1918, les femmes ont acquis un nouveau rôle et une reconnaissance en raison de leur influence déterminante dans l'économie pendant que les hommes étaient au front.

L'après-guerre ouvre une période faste de la libération du talent des femmes. L'audace est permise par les circonstances politiques et sociales. Et au même moment, la politique va s'emparer de l'alpinisme à des fins peu avouables. Sur l'Olympe en 1934, Emilio Comici et Anne Escher réalisent la première ascension de la face nord-est du Trône de Zeus. Cette escalade symbolique n'est pas le fait du hasard, elle intervient au paroxysme d'une période durant laquelle deux visions du monde cohabitent : Front populaire, liberté et congés payés d'un côté ; fascisme, nazisme et avènement des surhommes de l'autre. L'alpinisme vit sa tentation propagandiste. Comme une obsession austro-germanique, l'Olympisme grec est un symbole, une manière de célébrer les rites anciens de cette pensée aryenne qui se construit par cet endoctrinement qui vise l'avènement de l'Homme nouveau. Dans cet entre-deux-guerres, on retrouve des épisodes décisifs de l'histoire de l'alpinisme, notamment avec cette bataille à la face nord de l'Eiger, dont la réussite en 1938 constitue une victoire pour Hitler. La célèbre Leni Riefenstahl, cinéaste[1] de talent, utilise la puissance esthétique et symbolique des Jeux olympiques de Munich en 1936 pour préparer l'avènement ultime de la pensée nationale-socialiste. Dans cette période, l'alpinisme reçoit ainsi trois fois la distinction suprême et ce n'est pas un hasard : la première médaille olympique de l'alpinisme[2] en 1924 est décernée à l'expédition anglaise de 1922 à l'Everest, la deuxième est attribuée en 1932 aux frères Franz et Toni Schmid pour leur ascension de la face nord du Cervin en 1931, et, en 1936, la troisième et dernière médaille ira au couple suisse Günter et Hettie Dyhrenfurth. Ils ont fui le nazisme et, pour Hettie, cela consacre une vie dédiée à l'exploration et sa magnifique réussite au sommet du Sia Kangri (7422 m) dans le Karakorum en 1933. Elle est alors la femme la plus haute du monde, vingt ans après Fanny Bullock.

Dans cette période, plusieurs couples vont se distinguer dans ces deux mouvances : Emilio Comici et Anna Escher, Raymond et Nicole Leininger, Nini Pietrasanta et Gabriele Boccalatte, Paula Wiesinger et Hans Steger pour n'en citer que quelques-uns. Chacun incarne une manière de faire de l'alpinisme.

Née en 1907 à Bolzano, Paula Wiesinger est l'aînée d'une famille de cinq sœurs et grandit au sein d'un milieu modeste dans cette région du Sud-Tyrol traumatisée par la Première Guerre mondiale. Elle ne connaîtra jamais son père, mort dans les combats violents

EN HAUT
LENI RIEFENSTAHL DANS L'IVRESSE BLANCHE, 1931.
© SZ PHOTO/BRIDGEMAN IMAGES

EN BAS
LE CRI DE LENI RIEFENSTAHL DANS LE FILM TEMPÊTE SUR LE MONT BLANC EN 1930.
© SZ PHOTO/BRIDGEMAN IMAGES

1. *Les Dieux du stade*, 1938 (Olympia).
2. https://alpinemag.fr/chamonix-1924-alpinisme-olympisme-jeux-olympiques/

opposant Autriche-Hongrie et Italie au cœur des Dolomites. Elle sera élevée assez librement par ses grands-parents. Initiée très jeune à l'alpinisme, elle découvre aussi le ski, alors en plein essor. Sa rencontre avec Hans Steger, Autrichien bohême et passionné d'escalade, lui ouvre un horizon d'une vie nouvelle et heureuse. Par leurs ascensions, leur cordée va défrayer la chronique de l'époque. Elle est l'une des premières femmes à grimper des difficultés de niveau VI, le maximum possible à ce moment-là. Il faut se souvenir que les premières ascensions dans les Dolomites sont l'acte d'alpinistes autrichiens comme Dülfer et Preuss. Le simple fait, pour une jeune Italienne, de réaliser les itinéraires les plus difficiles à 21 ans à peine est une petite révolution culturelle. Leur ascension en 1928 de la *voie de la Jeunesse* à la Cima Una (800 mètres d'escalade de difficulté VI+) puis, en 1929, à la paroi est du Catinaccio, quasiment en escalade libre du bas en haut, constitue un exploit extraordinaire. Leur vie entière est dédiée à la montagne. Paula va également devenir une immense championne de ski : entre 1931 et 1936, elle gagne quinze titres de championne d'Italie en slalom, combiné et descente. Son mari Hans deviendra le guide du roi Albert Ier avec Tita Piaz, autre guide du val di Fassa. Paula participe à plusieurs ascensions en leur compagnie. Elle va continuer de grimper pendant de longues années à la Marmolada, à la Civetta... Ce destin hors du commun lui vaut d'être la doublure de Leni Riefenstahl dans plusieurs films de montagne. « La Paula » devient l'égérie médiatique du fascisme, comme Emilio Comici d'ailleurs. L'escalade, l'esthétique de ces corps souples et puissants, conviennent bien aux thèses nationalistes. Elle ne fera pas l'objet de représailles à la Libération et pourra tenir son hôtel Steger-Dillai pendant des décennies. Elle meurt en 2001 à l'âge de 94 ans.

Moins tentés par la lumière de l'Olympe, Raymond et Nicole Leininger, tout comme Nini Pietrasanta et Gabriele Boccalatte, traceront une destinée d'exception. Nini Pietrasanta grandit dans un milieu huppé milanais. Son père banquier vit à Paris où elle naît en 1909. Sa jeunesse dorée lui ouvre les chemins d'une montagne avec guides, notamment le fameux Tita Piaz. En sa compagnie, elle sera la première femme à gravir le Lyskamm Oriental en 1929. Elle découvre le ski-alpinisme dans les Abruzzes et sa passion ne cesse de grandir. En 1932 à Chamonix, sa vie bascule lors de la rencontre avec le grand alpiniste italien Gabriele Boccalatte. Leur cordée fusionnelle et amoureuse va gravir les aiguilles les plus belles du massif du Mont-Blanc : aiguilles du Diable, aiguille Noire de Peuterey, pointe Adolphe Rey... Elle grimpe magnifiquement des passages de sixième degré. Entre 1932 et 1936, ce sont des dizaines d'ascensions difficiles réalisées en couple, dont plusieurs premières. Ils se marient le 28 octobre 1936 et l'année suivante, Lorenzo vient agrandir la famille. Mais la mort tragique de Gabriele à l'aiguille du Triolet le 24 août 1938 va stopper brutalement cette vie joyeuse. Nini ne fera plus jamais d'alpinisme. L'horizon se referme.

Pour conclure cette époque d'une Europe des nationalismes où se déchirent deux visions du monde, citons le couple Leininger. Nicole et Raymond sont l'incarnation de l'autre monde, le monde de Léon Blum, des congés payés et de la justice sociale. Membres du « groupe de Bleau », Raymond sera souvent encordé avec Pierre Allain avec qui il réalisera des premières d'exception aux Drus, à la Meije et ailleurs. En compagnie de son épouse Nicole, il répète un grand nombre d'escalades classiques dans les Alpes et entreprend en 1938 un voyage à bicyclette reliant les Alpes à l'Hindou Kouch : leur livre *La Route sans bornes*[1] est un éloge à l'itinérance et à la poésie.

1. *La route sans bornes en campant, de France aux Indes à bicyclette*, Raymond & Nicole Leininger, J. Susse, 1947.

EN HAUT
HANS STEGER, PAULA WIESINGER ET LE ROI ALBERT IER.

EN BAS
NINÌ PIETRASANTA LORS DE LA PREMIÈRE ASCENSION DU TORRONE ORIENTALE (DOLOMITES).

ENCORDÉES : NEA, MICHELINE ET ALICE

Lorsque Micheline Morin écrit son livre *Encordées* en mars 1936, nous sommes au début d'une période faste pour les femmes en montagne : cordées sans guide, cordées de femmes sans homme, la liberté gagne les esprits. Cette époque résonne avec l'esprit des congés payés qui va advenir dans quelques mois sous la présidence de Léon Blum. Le statut de la femme change. La Première Guerre mondiale avait ouvert une place nouvelle et l'alpinisme n'est que le miroir de ces évolutions sociales qui culminent à la Belle Époque. Dans le préambule de son livre, Micheline souligne qu'elle a dû « trier » les exploits car tant de femmes gravissent des montagnes dans ces années-là. Elle ne peut « citer que les performances féminines accomplies soit par des femmes dans des cordées mixtes sans guide, soit par des cordées exclusivement féminines ». Elle trace ainsi une éthique qui reste valable aujourd'hui encore.

Ce livre est une pépite : d'abord parce qu'il est le premier qui raconte l'histoire « des femmes et de l'alpinisme », et surtout parce qu'il témoigne par un récit joyeux des premières ascensions 100 % féminines de la cordée Micheline Morin, Alice Damesme et Nea Morin. Un trio incroyable. Chacune a son propre destin : Alice a déjà réalisé deux premières féminines sans guide du Grépon en 1929 et du Cervin en 1932 avec Miriam O'Brien Underhill. Cette dernière est une Américaine qui s'émancipe vite d'un alpinisme avec guide. Elle va gravir en tête l'aiguille du Peigne avec une autre femme, Winifred Marples, puis le Grépon avec Alice en 1929. Elle est probablement une inspiratrice discrète d'une philosophie de vie et d'exploration.

EN MONTANT AU REFUGE DU PROMONTOIRE : ALICE, NEA ET MICHELINE. CLICHÉ D'ÉTIENNE BRUHL. EXTRAIT DU LIVRE *ENCORDÉES* DE MICHELINE MORIN.

Leur exploit commun initial est la première féminine de la traversée de la Meije en 1933. Il leur faudra une première tentative en forme de prélude pour repérer les lieux et apprivoiser la montagne. Plusieurs drames refroidissent leurs ardeurs : « Encore un accident ! L'ami s'est tué en descendant du refuge de l'Aigle. Nous sommes consternées. » Alice souhaite renoncer. Le doute s'insinue et l'approche du refuge du Promontoire laisse monter les craintes face à la paroi immense. La nuit au refuge réveille les pires angoisses pour Micheline : « Que dire à Alice et Nea ? Leur dire que j'ai peur ? (...) Que devenir ? Je tremble légèrement et mon coeur bat très vite. »
La cordée renonce, tergiverse, redescend vers La Bérarde... et, finalement : « Allez, on remonte au Promontoire ! (...) Et à l'aube grise, nous quittons la cabane, non sans un léger frémissement, pas de peur cette fois – quelle idée ! – mais d'émoi à la pensée des belles heures qui nous attendent là-haut sur les arêtes aériennes. Nous les avons bien gagnées. » Puis le récit s'arrête brutalement. Et chacun de comprendre en creux leur silence modeste : elles ont réussi la première féminine de la traversée de la Meije et nous attendrons encore longtemps leur récit !

Enfin seules !
Au cœur de ce livre *Encordées* se niche une autre perle écrite par Nea Morin, *Ladies only*, publié initialement dans le journal du Ladies' Alpine Club en 1935. Nea est la belle-sœur de Micheline : elle a grandi au pays de Galles, où elle a appris à grimper dans le Parc national de Snowdonia dès 1911 avec son père, membre de l'Alpine Club. Ce récit est un acte fondateur d'une cordée 100 % féminine. Pour Nea, Micheline et Alice, l'ascension de l'aiguille de Blaitière va ouvrir une ambition collective. Un acte de libération ! Les maris ont accepté

de leur donner l'autorisation de partir seules. Ils restent à proximité au départ, mais elles vont bientôt les semer... Le rythme rapide de leur cordée, leur choix de réaliser les trois pointes de Blaitière les séparent vite des autres cordées. Au sommet, cette photo mythique de Micheline : Nea et Alice sont perchées à califourchon sur le fil de l'arête, heureuses et libres. À la redescente au Montenvers, personne ne les attend, ni amis, ni maris... En chemin, sur le glacier des Nantillons, elles ont vaguement entendu un sifflement, sans y prêter beaucoup d'attention : c'est leur camarade Guy Labour qui est tombé au fond d'une crevasse et qui va y rester plusieurs jours avant d'être secouru *in extremis*. Un miracle. Cette ascension de 1934 entre femmes de l'aiguille de Blaitière reste un symbole.

La magie de cette cordée va se transformer en chemin de vie pour chacune. Nea, qui préside le Ladies' Alpine Club dans les années 1950, écrit son autobiographie en 1968. Dans ce livre méconnu, *A woman's reach*, elle offre un plaidoyer pour une vie libre dans la montagne et prône un alpinisme féminin et familial. À la mort de son mari Jean Morin, abattu pendant la guerre en 1943 alors qu'il était engagé dans la Résistance, Nea va poursuivre ses ascensions dans les Dolomites, en Angleterre et dans les Alpes, bien souvent avec ses enfants. Une vie montagnarde. Sa dernière expédition à l'Ama Dablam en 1959 lui permettra de découvrir la haute altitude.

Micheline vivra sa passion, toujours « encordée », passionnée de montagne et d'écriture. En compagnie d'Alice, elles gravissent la voie *Preuss* au Campanile Basso en 1936, puis avec son mari Gérard Blachère et Néa, sa belle-soeur, ils réalisent de nombreuses ascensions ensemble ou avec leurs enfants. Un alpinisme sobre et partagé.

Alice, l'amie de Micheline rencontrée à Fontainebleau avant la Première Guerre mondiale, aura un parcours exceptionnel : premières ou répétitions avec de nombreuses réalisations de classiques aux Droites, à l'aiguille Verte, aux Grands Charmoz, au Grépon, dans les Dolomites... Un destin discret et remarquable. À 60 ans, elle décide d'arrêter l'alpinisme.

Leur cordée bien vivante est le témoignage d'un alpinisme heureux et durable.

INSTANTANÉ MYTHIQUE : NEA, ALICE ET MICHELINE AU SOMMET DE L'AIGUILLE DE BLAITIÈRE POUR UNE PREMIÈRE 100 % FÉMININE RÉUSSIE AVEC BRIO.

LOULOU AU FIRMAMENT

« Je pense que c'est de la vanité. Tout est vanité... »

Ce jugement sans appel est celui de Loulou Boulaz, alpiniste suisse des années 1930, lors d'un entretien avec la chercheuse américaine Sallie Greenwood[1], lorsqu'elles évoquent le fait que Loulou ne possède pratiquement aucune photo de ses exploits passés.

Loulou est pourtant une grande alpiniste. Elle grimpait la clope au bec avec talent et témérité. Il ne fallait pas avoir froid aux yeux pour s'attaquer aux sommets alpins à cette époque, *a fortiori* en tant que femme. Elle est allée sans scrupules sur le terrain des hommes et s'est illustrée dans les grandes faces nord. « Ses réalisations alpines », écrit André Roch dans l'*Alpine Journal*, « la placent sans conteste parmi cette petite élite des très grands alpinistes du xxe siècle. »

Née au sein d'une famille modeste en 1908 à Avenche, dans le canton de Vaud, elle est une excellente élève. Elle intègre la Société des Nations (ancêtre des Nations Unies) à Genève comme copiste. Elle sera ensuite sténographe au service du Bureau international du travail jusqu'en 1973. Dès qu'elle a un peu de temps, la Genevoise d'adoption est attirée par la montagne et s'essaie avec brio au ski alpin, au point d'intégrer l'équipe nationale. Quatrième aux championnats du monde de 1937 à Chamonix, elle remporte la descente de Morzine un an plus tard ! Parallèlement, elle découvre l'escalade sur les falaises calcaires du Salève ou du Miroir d'Argentine. Elle explore également le granit des aiguilles de Chamonix.

1. Local Hero, *Alpinist 57*, 1984.

LOULOU BOULAZ EST UNE FIGURE DISCRÈTE, MAIS MAJEURE DE L'ALPINISME. SA TENTATIVE À L'EIGER EN 1937 AVEC PIERRE BONNANT LA FAIT ENTRER DANS LA LÉGENDE.
© DR

Loulou aime les cordées mixtes. Comme Miriam O'Brien et Alice Damesme, elle a aussi grimpé « sans homme ». Avec son amie Lulu Durand, elles réalisent les premières ascensions entièrement féminines de la voie normale du Requin (1932), de la face sud-ouest de la Dent du Géant (1933) ou la traversée du sommet est des Droites (1935).

Avec ses compagnons de cordée Raymond Lambert ou Pierre Bonnant, elle entre dans la course des « derniers grands problèmes des Alpes » et s'attaque aux redoutables faces nord des Grandes Jorasses, du Cervin et de l'Eiger. Ils grimpent en amis et égaux, et non en clients et guides. Toujours avec eux, elle réalise les premières ascensions féminines des Grandes Jorasses par l'éperon Croz ainsi que la face nord des Drus ou la difficile arête de Furggen au Cervin.

C'est une période particulière pour l'alpinisme : il souffle un vent de ferveur nationaliste dans les Alpes. En ces années 1930, l'alpinisme, synonyme d'abnégation, de courage et de virilité, est un terrain idéal pour la doctrine nazie. L'Eiger, en particulier, va être le théâtre de cette compétition où se mêlent exploits sportifs et enjeux politiques. Cette montagne austère, connue pour ses conditions météo difficiles et ses chutes de pierres incessantes, est visible depuis la vallée. Les touristes peuvent, grâce à une longue-vue, suivre en direct les drames épiques qui se succèdent dans la face nord.

En 1937, aucun alpiniste n'a encore réussi cette ascension de 1650 mètres de haut, réputée insurmontable. Loulou et Pierre Bonnant s'engagent pourtant sur le mur légendaire mais doivent renoncer à cause du mauvais temps. Le journaliste Othmar Gurtner affirme alors que Loulou « insulterait » l'Eiger si elle le tentait à nouveau. Gurtner n'était pas le seul homme de l'époque à penser que la présence d'une femme ternissait la réputation d'une ascension...

Ce sont bien des hommes (allemands et autrichiens de surcroît) qui vont réussir la première en juillet 1938 – Anderl Heckmair, Ludwig Vörg, Heinrich Harrer et Fritz Kasparek –, mais quelle audace de la part de Loulou !
Louise Boulaz tentera quatre fois cette face mythique. Elle dira dans une interview en 1982 : « Quatre fois nous avons essayé l'Eiger, quatre fois nous avons dû renoncer. Mais je suis toujours vivante ! »

Mais rien n'arrête Loulou ! Elle aime grimper et ne compte pas dire stop ! En 1959, elle suit Claude Kogan dans son projet d'expédition féminine au Cho Oyu (8 201 m) en Himalaya. Mais victime du mal des montagnes, elle ne dépassera pas le camp 1. Elle échappe peut-être ainsi à une avalanche qui emporte plusieurs membres du groupe. Quelques mois plus tard, elle est au sommet de la Cima Grande di Lavaredo, dans les Dolomites, encore une première féminine.
Il faudra attendre 1986 et le 17e Festival international du film alpin des Diablerets pour que Loulou Boulaz soit reconnue à sa juste valeur avec le prix du « Mérite alpin ». Elle meurt le 13 juin 1991, à 83 ans, en ayant vécu jusqu'au bout son rêve d'aventure et d'indépendance, sans aucune vanité.

LOULOU, UNE DÉTERMINATION SANS FAILLE.
© DR

VOIR LES DIABLES AVEC ERIKA

Dans les années 1930, quelques noms féminins reviennent souvent dans les chroniques alpines et les articles de presse spécialisée. On peut citer l'Italienne Nini Pietrasanta, qui grimpe le plus souvent avec son compagnon Gabriele Boccalatte, les Suissesses Loulou Boulaz et Erika Stagni, qui réalisent de nombreuses premières ou des reprises d'envergure en cordée autonome ou avec des guides. C'est souvent dans le massif du Mont-Blanc qu'ont lieu ces initiatives.
Nini s'illustre à la Noire de Peuterey ou aux aiguilles du Diable, Loulou dans les faces nord des Drus ou des Grandes Jorasses, avec le guide Raymond Lambert.
En février 1938, le même Raymond Lambert retourne aux aiguilles du Diable pour tenter la première traversée hivernale. Avec lui, sa cliente Erika Stagni et son compagnon de cordée, guide aussi, Marcel Gallay.
La traversée des aiguilles du Diable est aujourd'hui l'une des grandes classiques de l'escalade dans le massif, sur un granit magnifique dans un environnement grandiose, entre le col du Diable et le mont Blanc du Tacul. C'est un enchaînement de six aiguilles à plus de 4 000 mètres d'altitude.
« Cette traversée est certainement l'une des plus merveilleuses que l'on peut trouver dans les Alpes. Elle dépasse en beauté, en jouissance et en difficulté tout ce que l'on peut imaginer », écrit André Roch dans la revue suisse *Les Alpes* en 1930.

Les trois alpinistes passent d'abord à l'Hôtel des Alpes à Chamonix pour récupérer des sacs de couchage en duvet qu'ils ont fait venir spécialement du magasin *Pierre Allain* à Paris.[1] Ils préparent aussi leurs pieds contre le froid. À l'époque, pour lutter contre le gel et l'humidité, on mettait du baume de camphre, de la farine de moutarde sur la peau et une feuille de journal dans chaque chaussure.
Enfin prêts, ils remontent la vallée Blanche pour dormir au refuge du Requin.
Le temps est idéal, la cordée progresse bien. Mais le troisième jour, près du sommet de l'aiguille Médiane, ils sont surpris par un brusque changement de météo : la neige se met à tomber et le vent souffle très fort. En peu de temps, la situation se dégrade. La retraite est impossible à cause des risques d'avalanche. Leur seule échappatoire est « par le haut », c'est-à-dire de traverser encore la très difficile pointe Carmen, et de gravir ensuite le mont Blanc du Tacul (4 248 m), puis de descendre au col du Midi.

1. En 1934-1935, Pierre Allain, ancien ouvrier et alpiniste de renom, ouvre à Paris (8, rue des Ciseaux, 75006) un magasin pour vendre les articles de montagne de son invention. Il a en effet mis au point (entre autres) : le sac de couchage en duvet, le mousqueton avec ressort, le descendeur et les chaussons d'escalade.

EN HAUT
INSTALLATION DANS LA CREVASSE. DERNIÈRE NUIT BIEN INCORFORTABLE. EXTRAIT DU LIVRE DE MARCEL GALLAY *UNE TRAGIQUE AVENTURE AU MONT-BLANC*.
© DR

EN BAS
L'ITINÉRAIRE. EXTRAIT DU LIVRE DE MARCEL GALLAY *UNE TRAGIQUE AVENTURE AU MONT-BLANC*.
© DR

3. Les Aiguilles-du-Diable vues de la Brenva. (Photo André Roch.)

- ● Premier bivouac prévu ; début du mauvais temps.
- ○ Deuxième bivouac forcé.
- ◉ Troisième, quatrième, cinquième bivouacs forcés ; crevasse.
- —— Itinéraire de montée.
- IIIII Trajet effectué dans le brouillard et la tempête.

DU 12 AU 18 JANVIER 1953 — ICI PARIS HEBDO Page 11

L'ancien pompier a gagné 12 millions ; on lui en demande 5 en largesses...

ON EN A PARLÉ CETTE SEMAINE

Raymond Lambert a repris ses cours de ski mais n'a pas vu Erika, avec qui il vécut la tragédie des Aiguilles du Diable

Miss Monde (moins de 20 ans) a "ranimé" les Trente à Quarante, une couronne sur la tête, un verre de lait à la main

Les amours de Wally, la belle Lettone, avec un prince italien ont eu un dénouement inattendu

Gilbert Bozon, nouvelle merveille de la nage, veut des oranges pour son entraînement et un logis pour les siens

FRANCHISE POSTALE

Les 43 cardinaux étrangers du Sacré Collège pourraient réaliser, pour le prochain pape l'antique prophétie de Malachie

La prophétie

EXIGEZ VICHY CELESTINS ETAT

Digestive et diurétique

M. LEVITAN vous accorde 24 MOIS DE CREDIT

LEVITAN 63, Bd MAGENTA

Leurs vêtements sont trempés et la corde gèle : il faut deux heures à Raymond et Erika pour se hisser sur les trente derniers mètres de la pointe Carmen. La roche est blanche de givre, leurs yeux et leurs mains sont recouverts de glace et ils sont ballottés par les vents violents.
Ils installent une tyrolienne entre la pointe Médiane (sur laquelle se trouve toujours Claude Gallay) et la pointe Carmen, pour faire traverser leurs sacs à dos. Mais l'un d'eux prend trop de vitesse, s'ouvre et son contenu – la nourriture – disparaît dans les abysses ! Cet incident réduit sérieusement leurs chances de survie.
Ils terminent la traversée dans des conditions épouvantables mais le brouillard empêche toute visibilité et ils ne retrouvent pas l'itinéraire de descente. Ils s'abritent sur une petite vire, dans leurs duvets, tandis que la tempête ne faiblit pas.
Le cinquième jour, ils tentent de repartir et rejoignent le col Maudit mais ils doivent s'abriter à nouveau. Raymond trouve par miracle une petite crevasse qu'il nommera plus tard « l'hôtel de la mort lente », dans laquelle ils vont essayer de survivre pendant trois jours encore.
Ils sont tiraillés par la faim et la soif. En fouillant dans leurs sacs à dos, ils découvrent seulement quelques morceaux de chocolat, trois fruits secs, un sachet de soupe Maggi et des comprimés d'aspirine. Rien d'autre…
Ils essaieront en vain d'allumer un feu. Tout est bien trop humide. Ils coupent en petits morceaux le bois d'un piolet mais ils restent gelés. Pour boire, ils sucent de la glace qui leur brûle la gorge. Désespérés, ils commencent à couper le cuir d'une paire de chaussons d'escalade pour le mâcher et boivent leur propre urine recueillie dans un paquet de cigarettes vide. Dans leur abri, l'obscurité est complète. Ils utilisent leurs sacs à dos pour obturer l'entrée mais la neige passe quand même. Ils luttent pour ne pas s'endormir et se frictionnent continuellement les pieds et les mains pour limiter les gelures.
Le 13 février, Raymond Lambert décide de quitter l'abri pour aller chercher de l'aide, en sachant pertinemment qu'avec le froid, le vent et le manque de visibilité, ses chances de succès sont maigres. « Et puis après tout, tant pis ! Tout plutôt que de crever là, comme trois pauvres chiens transis, tassés dans ce néant glacé. »
Il est retrouvé presque mort deux jours plus tard par une caravane de secours composée de guides locaux et réussit à indiquer où se trouvent ses compagnons.
Raymond Lambert perd tous ses orteils et quelques doigts. Marcel Gallay, qui a continuellement massé les extrémités d'Erika Stagni pour faire circuler le sang sans se soucier de sa propre santé, est amputé de ses orteils et de son talon gauche.
Erika, quant à elle, s'en tire sans aucune gelure. Elle est soignée dans une clinique genevoise et sa mère, la très riche Madame Amstutz, prend en charge les frais médicaux des guides ayant participé au sauvetage.
Erika a continué à grimper toute sa vie, notamment avec Robert Wohlschlag, un fort grimpeur genevois qui deviendra son mari. En sa compagnie, elle réalise la première ascension féminine de la voie *Brandler-Hasse* à la Cima Grande di Lavaredo dans les Dolomites en 1964. Elle fut certainement l'une des grimpeuses les plus accomplies de son temps.

EN HAUT
APRÈS LA TEMPÊTE, ERIKA REDESCEND LA VALLÉE BLANCHE TRANSPORTÉE SUR UN TRAÎNEAU.
© DR

EN BAS
ARTICLE PARU DANS *ICI PARIS*.

CLAUDE, PREMIÈRE DE CORDÉE

En 1954, les titres de presse sont élogieux : « La meilleure alpiniste du monde est une Française. »
Claude Kogan, la « femme la plus haute du monde », est en première page du magazine *Elle* ou du journal *Le Monde*. Femme de conviction et alpiniste passionnée, elle vient de monter à 7700 mètres sur les pentes du Cho Oyu (8 201 m) avec son compagnon de cordée Raymond Lambert, grande figure de l'alpinisme suisse. Mais le mauvais temps les a obligés à renoncer.
Claude Kogan est née en 1919 à Paris dans une famille très pauvre. Elle a grandi loin de son père, avec une mère qui a rapidement demandé le divorce et pris le large, la confiant, d'abord à sa propre mère, une femme austère, puis à un orphelinat en Belgique. Elle quitte l'école à 15 ans pour devenir couturière et elle est embauchée par un grand magasin du centre-ville de Bruxelles. Son destin est tout tracé et elle doit même épouser le fils de ses patrons. Mais sa vie est déjà tournée entièrement vers la montagne. Elle a découvert l'escalade sur les falaises de Freÿr, dans les Ardennes belges, et a tout de suite aimé grimper en tête, remplie d'une audace et d'une liberté nouvelles.
En 1942, alors qu'une partie de la France est occupée, elle décide de se rendre à Nice en zone libre. C'est là qu'elle rencontre l'amour de sa vie, Georges Kogan, qui a fui la Russie avec sa mère. Un petit groupe de grimpeurs se retrouve régulièrement au pied du baou de Saint-Jeannet, un rocher qui domine Nice. La jeune Claude, du haut de son mètre cinquante-trois, fait impression par son aisance et sa fluidité sur la paroi.
En cette période de guerre et d'occupation, la montagne apparaît comme un univers parallèle où il est encore possible de vivre hors du temps et dans la dignité. Claude et Georges se réfugient dans le Mercantour puis en Oisans, où ils découvrent l'alpinisme et les paysages somptueux des glaciers et des pics.
Mais la réalité tragique les rattrape : Georges, qui est juif, doit se cacher et une grande partie de sa famille est déportée. En juin 1944, il est arrêté par la Gestapo dans le chalet que Jeanne et Jean Franco louent à Pelvoux.
Claude va tout faire pour qu'il soit libéré, quitte à se compromettre, comme d'autres femmes l'ont fait à l'époque, pour sauver un mari, un frère ou un fils... À Gap, elle se rapproche du chef de la milice locale, un certain Vallet, et s'affiche avec lui à la terrasse des cafés. Jeanne Franco, son amie, témoignera plus tard : « Lorsque Georges a été arrêté, Claude était prête à tout pour le sortir de là. Elle s'est compromise avec Vallet, elle s'est exposée avec lui, elle est allée dans des bars. Kogan a été libéré. Alors, Claude a plaqué Vallet et rejoint Georges. À la Libération, on l'a accusée d'avoir été collabo. Heureusement, (...) Claude a été blanchie. »
Claude et Georges se marient le 25 novembre 1944, à Saint-Martin-d'Entraunes. Ils reprennent également l'entreprise Nice Tricots (qui appartenait à l'oncle de Georges, mort en déportation) et Claude crée sa propre ligne de maillots de bain.
Mais une nouvelle épreuve touche cette dernière : elle fait une fausse couche et apprend qu'elle ne pourra plus avoir d'enfant.
Après les sommets de l'Oisans, Claude réalise des courses d'envergure dans le massif du Mont-Blanc : en 1946, la face nord des Drus (3 733 m) ; en 1947, la traversée des aiguilles du Diable, l'arête des Grands Montets et l'arête du Jardin

CLAUDE KOGAN (EN HAUT AU CENTRE), ENTOURÉE D'UNE PARTIE DE SON ÉQUIPE TOUT SOURIRE, EN ROUTE VERS LE CHO OYU (EXTRAIT DU LIVRE *VOYAGE SANS RETOUR* AUX ÉDITIONS DU MONT-BLANC).
© MICHELINE RAMBAUD

sur l'aiguille Verte (4 122 m) ; en 1949, l'arête sud de l'aiguille Noire de Peuterey (3 772 m). Lorsque Georges Kogan, son mari, écrit à Lucien Devies[1] en 1949 pour lui présenter son épouse, ses paroles sont éloquentes : « Je profite de la présente pour vous envoyer notre liste de courses annuelle. L'ordre de la cordée y est respecté, et j'attire votre attention sur le fait que presque toutes les courses ont été conduites par ma femme, qui non seulement a toujours été à la hauteur de la situation, mais avait l'initiative entière dans la conduite des courses et, dans les Dolomites, est arrivée à vaincre en toute sécurité des passages (qu'en ce temps, tout au moins), j'étais réellement incapable de franchir en tête. » À l'époque, le couple prépare une expédition dans les Andes du Pérou. Georges se sent trop à l'étroit à Chamonix. Il ne supporte pas la foule des touristes et la surfréquentation de la

1. Lucien Devies a présidé le Groupe de haute montagne, le Club alpin français (1948-1951, de nouveau en 1957-1963 et en 1966-1970), la Fédération française de la montagne (1948-1973) et le Comité de l'Himalaya.

montagne, ces « contingents de badauds dont le ridicule tue le paysage » ou ces « innombrables caravanes rampant, chenilles géantes, le long des glaciers surpeuplés ».

Dans la cordillère Blanche, Claude Kogan gravit le Quitaraju (6 040 m) avec Nicole Leininger, une première féminine en haute altitude.

Claude est en grande forme et Nicole affirme : « Alors que nous maigrissons tous pendant les expéditions, Claude trouve le moyen de grossir. Et tandis qu'en haute altitude, nous sommes obligés de prendre du Gardénal pour dormir, Claude, qui ne peut se passer de somnifères à Nice, s'endort sans aucune difficulté ! »

Mais à leur retour, en décembre 1951, Georges est emporté en quatre jours, à 34 ans, par une hémorragie intestinale.

Claude, effondrée, noie sa tristesse dans le travail à l'entreprise et dans les projets d'ascension. Elle retourne dans les Andes ;

EN COUVERTURE DE *PARIS MATCH* : CLAUDE KOGAN ET CLAUDINE VAN DER STRATTEN LORS DE L'EXPÉDITION AU CHO OYU, EN PLEINE SÉANCE DE COIFFURE. TOUTES LES DEUX VONT PÉRIR SUR LA MONTAGNE.

© PARIS MATCH/SCOOP

mais, sans Georges, la montagne n'a plus la même saveur. Elle gravit le Salkantay (6 271 m) en 1952, avec Bernard Pierre et deux cordées américaines. Au sommet, elle enfouit dans la neige une photographie de Georges enroulée dans un fanion du CAF.
Dans les années qui suivent, Claude Kogan et Pierre Vittoz font la première ascension du Nun (7135 m) dans l'Himalaya. Puis ce sera la tentative au Cho Oyu (8 201 m) avec Raymond Lambert, et ils parviendront à 7700 mètres. En 1955, elle réalise la première ascension du Ganesh Peak (7 422 m), encore avec Raymond Lambert.
Son essai au Cho Oyu lui donne des ailes. En 1959, elle décide d'organiser une expédition internationale entièrement féminine. Cette entreprise novatrice et ambitieuse est composée de trois Françaises, trois Anglaises, trois Népalaises, une Suissesse et une Belge, toutes alpinistes confirmées[1]...
Le Comité de l'Himalaya est partagé face à ce projet : il n'accorde pas son patronage, mais accepte une participation financière...
Après une longue période d'approche et d'acclimatation, une cordée de tête composée de Claude, son amie belge Claudine van der Straten et de quatre sherpas, entame l'ascension. Arrivée au camp 3 le 30 septembre, elle écrit une note que doivent redescendre trois des sherpas au camp de base : « Rien ne va plus là-haut, mais nous avons décidé de monter jusqu'au camp 4, et sans doute demain de faire un peu la trace vers le haut. Le temps est très vilain. N'insistez pas au 3, si cela s'aggrave, repliez-vous au 2. »
Le 1er octobre, dans le mauvais temps, Claude et Claudine atteignent le camp 4 à 7100 mètres d'altitude. Ang Norbu Sherpa reste avec elles. Pendant la nuit, le drame se noue : une énorme avalanche balaie tout sur son passage.
Ce sera le dernier voyage de Claude. Elle avait 40 ans.
Le reste du groupe ne pourra se rendre sur les lieux que le 11 octobre et Jeanne Franco racontera plus tard, dans une interview, qu'elles ont eu la certitude, à ce moment-là, que tout était définitivement fini. « Il ne restait qu'un amas de neige qui couvrait tout. »
À leur retour, ni applaudissements, ni compassion... mais plutôt des critiques et du mépris. Un journaliste demande à Jeanne ce qu'ont « bien pu aller chercher douze femmes aussi haut et aussi loin de chez elles. »
Le traitement médiatique est particulièrement injuste. Quand les échecs masculins sont vus comme de la fatalité, un brutal coup du sort, les femmes n'ont droit ni à l'erreur ni à la malchance. Un désir de conquête, pour un homme, est courageux, téméraire. Pour une femme, il est futile.
Cette expédition féminine était-elle un fardeau trop lourd pour Claude Kogan ? Avait-elle une revanche à prendre sur cette montagne où elle avait échoué une première fois ?
Micheline Rambaud, cinéaste de l'expédition, écrit dans son livre *Voyage sans retour*[2] :
« Pourquoi un effroyable hasard t'a-t-il fait rester là-haut au lieu de redescendre ? Une telle erreur de jugement, pourquoi ? Toi, si prudente, avoir sous-estimé ce mauvais temps qui en deux heures a déferlé. Pourquoi ? »
La nièce de Georges Kogan, qui a écrit un bel article sur Claude dans le livre *100 alpinistes*[3], évoque plutôt la part de détresse d'une femme amoureuse, qui n'a jamais remplacé l'homme de sa vie : « Avoir eu un enfant de Georges aurait été une façon de garder un lien avec lui. Est-ce que sa frénésie d'expédition était une façon d'essayer de le retrouver ? Je ne sais pas... »

1. Jeanne Franco, Claudine van der Straten, baronne et championne de ski belge, la Suissesse Loulou Boulaz, grande alpiniste, les Anglaises Dorothea Gravina, Eileen Healey et Margaret Darvall et trois Népalaises Nima, Doma et Pempem, filles et nièce de Tensing Norgay, la cinéaste Micheline Rambaud et Colette Le Bret, médecin de l'expédition.
2. *Voyage sans retour, première expédition féminine en Himalaya*, Micheline Rambaud, éditions du Mont-Blanc, 2022.
3. Nathalie Sinelnikoff, in *100 alpinistes*, éditions Guérin, 2015.

PETITES PHRASES ASSASSINES

Florilège de la pensée masculine…

« AU PLAN HYGIÉNIQUE, LES COURSES DIFFICILES NE PEUVENT LAISSER CHEZ LES HÉROÏNES DE CES TRIOMPHES QUE DES TRACES PLUS OU MOINS REGRETTABLES ET DES COMMOTIONS ORGANIQUES OU RÉPERCUSSIONS FATALES DANS LA CONSTITUTION. AUTANT NOUS APPROUVONS LA MARCHE, AUTANT NOUS NOUS FÉLICITONS DE VOIR SE RÉPANDRE EN FRANCE LES HABITUDES ANGLAISES POUR L'ÉDUCATION DES JEUNES FILLES, AUTANT NOUS APPRÉCIONS MÉDICALEMENT CETTE CONTRACTION MUSCULAIRE, RÉGULIÈRE ET GÉNÉRALE QUI S'EFFECTUE DANS LES COURSES DE MONTAGNE À 1500 ET 1700 MÈTRES, AUTANT NOUS JUGEONS QU'IL EST ABSURDE ET DANGEREUX POUR LES FEMMES DE TENTER DES ALTITUDES DE 2300 OU 2500 MÈTRES. C'EST, EN EFFET, À CES ALTITUDES QUE SE MANIFESTENT, D'UNE MANIÈRE FATALE, LES SYMPTÔMES DU MAL DES MONTAGNES, TRADUITS PAR DES VOMISSEMENTS, DES SYNCOPES, DES SUFFOCATIONS ET ENFIN DES HÉMORRAGIES À TRAVERS LES OUVERTURES NATURELLES : YEUX, OREILLES, BOUCHE, NEZ, UTÉRUS, ETC. »

Stephen d'Arves (1878)

« Si Loulou Boulaz devait faire une autre tentative, ce serait une insulte pour l'Eiger. »

Othmar Gurtner, journaliste (1937)

« SI ON SE SOUVIENT QU'ELLE A ÉTÉ DEUX FOIS SECOURUE, AU K2 ET À L'EVEREST, CELA PROUVE QU'ELLE NE POSSÈDE PAS LA FORCE NÉCESSAIRE POUR ACCÉDER SEULE AUX PLUS HAUTS SOMMETS DU MONDE. »

Ed Viesturs, à propos de Chantal Mauduit

« Les femmes seront payées autant que les hommes quand elles grimperont torse nu ! »

Marco Scolaris, président de l'International Federation of Sport Climbing en réponse à Lynn Hill qui réclame une égalité des récompenses entre hommes et femmes

« ON A SOUVENT REMARQUÉ QUE TOUTES LES MONTAGNES SEMBLENT DESTINÉES À PASSER À TRAVERS LES TROIS ÉTAPES : UN PIC INACCESSIBLE, L'ASCENSION LA PLUS DIFFICILE DES ALPES, UNE JOURNÉE DE DÉTENTE POUR UNE DAME. »

Albert Mummery (début XXe siècle)

« DANS LE FUTUR, IL NE SERA PAS OPPORTUN D'AUTORISER DES GROUPES EXCLUSIVEMENT FÉMININS À TENTER DES ASCENSIONS DÉPASSANT LA CATÉGORIE DE DIFFICULTÉ 2. »

Rapport de la commission d'enquête soviétique suite au drame de 1974 (8 femmes alpinistes décédées au pic Lénine)

« LES JEUX OLYMPIQUES DOIVENT ÊTRE RÉSERVÉS AUX HOMMES (…). UNE OLYMPIADE FEMELLE NE POURRAIT ÊTRE QU'ININTÉRESSANTE, INESTHÉTIQUE ET INCORRECTE. (…) LE VÉRITABLE HÉROS OLYMPIQUE EST, À MES YEUX, L'ADULTE MÂLE INDIVIDUEL (…). AUX JEUX OLYMPIQUES, LE RÔLE DES FEMMES DEVRAIT SURTOUT ÊTRE, COMME AUX ANCIENS TOURNOIS, DE COURONNER LES VAINQUEURS. »

Pierre de Coubertin (1912)

« SI ELLES RÉUSSISSENT, CELA CONFIRMERA MON IMPRESSION QUE LE CHO OYU EST UNE MONTAGNE À VACHES. »

Lucien Devies, président de la Fédération française de la montagne à propos de l'expédition féminine au Cho Oyu de Claude Kogan (1959)

« Jamais une femme ne réussira un 7c ! »

Didier Raboutou, grimpeur et père de Brooke Raboutou, vice-championne olympique d'escalade en 2024 (qui franchit du 7c à 11 ans)

« UNE ALPINISTE EST UNE ESPÈCE D'AMAZONE EN CULOTTE, MAIGRE, AVEC UN VISAGE DE JUMENT, BOUCANÉE PAR LES AUTANS, ET DES CHEVEUX COMME DES BARBELÉS. PAS LE MOINDRE VESTIGE DE POITRINE, MAIS EN REVANCHE CINQ INSIGNES DE CLUBS ACCROCHÉS CÔTE À CÔTE ». (...) AH ! NOUS LES CONNAISSONS, CES MALHEUREUSES DAMES DE PIC, CHOUETTES SOLITAIRES QUI HANTENT LES REFUGES ET LES PAROIS COMME LES HOMMES, QUI MANIENT COMME LES HOMMES LES DURS OUTILS DE L'ALPINISTE (...). NON ! DÉCIDÉMENT, LES VRAIES FEMMES SONT TROP TENDRES POUR LES ÂPRES MONTAGNES, ET LES GARÇONS NE SAURAIENT ACCEPTER SANS ENNUI DE LES VOIR S'Y FOURVOYER. »

Samivel, *L'Amateur d'abîmes* (1940), Paris, Stock, 1963

« C'EST FORMIDABLE CE QUE VOUS AVEZ FAIT MADEMOISELLE, MAIS IL FAUT CONVENIR QUE LE MONT BLANC AURA BIEN MOINS DE MÉRITE MAINTENANT QUE LES FEMMES L'ONT CONQUIS. »

Un guide à Henriette d'Angeville, qui redescend du mont Blanc (1838)

« LES COURSES DE TOUT PREMIER ORDRE DEVRAIENT POURTANT RESTER DU DOMAINE EXCLUSIF DES HOMMES. ELLES EXIGENT DE L'ORGANISME DES EFFORTS TROP ÉPUISANTS POUR POUVOIR ÊTRE IMPUNÉMENT SUPPORTÉES. NOUS EN VOYONS LA PREUVE PHYSIQUE ET MORALE DANS LEURS REFLETS SUR LES VISAGES. LE GRIMPEUR AU MASQUE DUREMENT MARTELÉ PAR LA FATIGUE RESTE BEAU, D'UNE BEAUTÉ FORTE ET VIRILE. IL PORTE SUR SES TRAITS LES MARQUES D'UNE VICTOIRE CHÈREMENT ACQUISE, MAIS D'UNE VICTOIRE. RIEN DE SEMBLABLE SUR LE VISAGE D'UNE FEMME, ÉPUISÉE ET PRÉCOCEMENT VIEILLIE PAR L'ÉPREUVE. »

Alain de Chatellus (1953)

« Alors les filles, vous êtes déjà prêtes ? Mais vous êtes sacrément rapides, vous n'avez pas dû avoir le temps de vous maquiller ! »

Citation extraite du livre de Marion Poitevin, *Briser le plafond de glace* (2022)

« 16 MAI 1975. LA JAPONAISE JUNKO TABEI EST LA PREMIÈRE FEMME AU SOMMET DE L'EVEREST. SUIVRONT LE PREMIER AMPUTÉ, LE PREMIER OUZBEK, LE PREMIER AVEC UN PANTALON BLEU... PUIS LE DEUXIÈME AMPUTÉ, LE DEUXIÈME OUZBEK, ETC. »

Extrait de l'article de *Summit day*, "L'alpinisme by fair means", (2017)

SIMONE, LA DAME DE PIC[1]

« Tu es complètement folle d'avoir fait ce pas ! » Robert est sidéré par l'audace de Simone. Elle vient de franchir sans prises franches, en adhérence, avec pour seule protection un piton hasardeux, un des passages les plus difficiles de l'éperon Croz aux Grandes Jorasses. Au cœur de l'année 1975, elle est au sommet de son art après une décennie au plus haut niveau. Elle grimpe ce que peu d'hommes réussissent, dotée d'une résistance de fer et d'un mental d'acier. Elle a à son actif la répétition des itinéraires les plus ardus de l'époque : pilier central du Frêney, face sud du Fou, *Directe Américaine* aux Drus, dièdre Philipp-Flamm à la Civetta, *voie Vinatzer* à la Marmolada… Chaque fois en première de cordée. Simone Badier n'a plus rien à prouver à quiconque. Elle est l'égérie discrète d'une vision éthique de la modernité qui vient : « Ma vie est ce que j'ai de plus précieux, elle n'est pas à vendre, et j'accepte de la risquer seulement pour la transcender, pour la rendre plus belle, plus intense, plus exaltante. » Elle ouvre la voie aux réalisations les plus extrêmes d'aujourd'hui, sans recherche de gloire ni de reconnaissance médiatique. Au tournant d'une époque, soutenue par la révolution étudiante de 1968, elle incarne une liberté assumée et discrète. Au-delà de quelques articles dans *La Montagne et alpinisme*, elle écrira en 2008 pour seul témoignage ce petit livre rouge, *La Dame de Pic*. « L'attirance que la Nature exerce reflète une aspiration quasi mystique de participer à la splendeur du monde qui se traduit par un obscur désir de possession, ultime justification des sacrifices consentis pour la conquête d'un sommet. »

Après l'ascension de l'éperon Walker en 1971 qu'elle réalise quelques mois à peine après le drame de Serge Gousseault et René Desmaison[2], elle ose se lancer pour la deuxième fois dans cette face immense des Grandes Jorasses. L'éperon Croz est pour elle une course vécue comme « un rêve, conçu au hasard d'un récit enthousiasmant et d'une vision éblouissante[3] ». Pourtant, après un début d'ascension aussi rapide qu'efficace, Robert, son compagnon, est abasourdi : « Tu es folle d'avoir fait ce pas… » Plus haut, il se retrouve en difficulté quelques mètres sous le sommet. Dans un terrain « effroyablement pourri », il va chuter et « dégrafer » l'ensemble des pitons, sauf un qui retient la cordée avant le grand saut. « Nos deux vies n'ont tenu qu'à un piton Charlet universel », dira-t-elle. Cet accident sera un des plus graves de son parcours au plus haut niveau.

L'ART DE LA FISSURE : SIMONE S'ENGAGE LOIN DU POINT.

---

1. Liste de courses :
1966 – Voie *Carlesso* à la Torre Trieste (Civetta)
1966 – Voie *Livanos* à la Cima Su Alto (2 958 m, Civetta)
1966 – Voie *Brandler-Hasse* à la Cima Grande (2 999 m, Tre Cime di Lavaredo)
1966 – Face est du Grand Capucin
1968 – Pilier *Bonatti* sur la face ouest des Drus
1968 – Face ouest de l'aiguille de Blaitière
1969 – Dièdre *Philipp-Flamm* (Civetta)
1971 – Éperon *Walker* aux Grandes Jorasses
1971 – Face sud de l'aiguille du Fou
1971 – Pilier central du Frêney sur le versant italien du mont Blanc
1972 – Voies *Vinatzer-Castiglioni* et *Gogna*, en deux jours, en face sud de la Marmolada
1973 – Face ouest directe de l'aiguille du Dru
1974 – Face nord du Cervin. Face nord-ouest de l'Olan, voie *Couzy-Desmaison*
1975 – Éperon *Croz* aux Grandes Jorasses
1976 – Voie *The Nose*, El Capitan, Yosemite, États-Unis
1977 – Face nord des Droites
1986 – Première de la face sud du pic Zeuvu et de la face nord du pic de Mindif au Cameroun (voies ED)
1990 – Première dans la face sud des aiguilles Dorées (ED)
1992 – Première dans la face est du Garet el Djenoun, Hoggar (ED)

2. *342 heures dans les Grandes Jorasses*, René Desmaison, éditions Denoël.
3. *La Dame de Pic*, Simone Badier, éditions Paulsen, 2008.

Simone est un OVNI des années 1960 et 1970. Une moderne avant la modernité. Née en 1936, la « Dame de Pic » est brillante intellectuellement. Titulaire d'un doctorat en physique nucléaire et professeur d'université à Amiens, elle est indépendante et libre. Sa passion pour la montagne est une quête d'absolu : « La montagne a profondément marqué ma vie. Les joies que j'y ai éprouvées, je ne pouvais les ressentir nulle part ailleurs. Au nom de quelle prétendue féminité y aurais-je renoncé et me serais-je martyrisée dans le vain espoir de ressembler à une reine de beauté ? »

Jamais elle n'a joué sur le fait d'être « la première femme ». Pour Simone, femme ou homme, peu importe, ce qui compte c'est l'excellence et la preuve par les faits. Elle fait ses gammes dans les Dolomites à partir de 1966 et réalise les voies les plus difficiles de ce massif exigeant. Grimpeuse d'exception, formée sur les rochers de Fontainebleau et du Saussois, elle est d'une résistance physique hors norme.

Rapide et efficace, elle enchaîne en 1969 la *voie Andrich* et le dièdre *Philipp-Flamm* à la punta Civetta puis, en 1972, elle grimpe encore deux voies de 800 mètres à la Marmolada en deux jours. En 1971, elle va d'ailleurs démontrer ses talents inouïs dans l'itinéraire considéré comme le plus difficile[1] de l'époque : la face sud du Fou. L'ouverture en 1963 de cette dernière par les légendes du Yosemite John Harlin, Tom Frost, Gary Hemming et Stewart Fulton constitue un repère dans l'histoire de l'alpinisme. Quand Simone envisage le projet, elle ose à peine en parler à Thierry son compagnon de cordée : « Viendrais-tu avec moi dans une course très belle et très difficile ? », lui demande-t-elle énigmatique. Thierry n'est pas un grand alpiniste, cela va imposer à Simone comme très souvent d'assurer la tête de la course de A à Z… Les premiers pas dans le couloir prennent du temps et promettent un bivouac inconfortable. Voici bientôt la fameuse fissure diagonale : « Ce n'est pas contre une paroi qu'il faut se battre, c'est contre soi-même. » Après la nuit, les difficultés sont bien là. Pour franchir le surplomb, Simone doit s'y reprendre à trois reprises. Elle est au pied du passage-clé, ajuste son matériel, affûte son regard et se lance avec cette gestuelle souple et puissante qui la caractérise. « Oh, vanité ! » Elle a enchaîné les pas sans trop de difficulté, mais avec stupeur elle découvre que les coins de bois au-dessus d'elle ont été enlevés et qu'elle ne pourra pas s'assurer. Elle entre dans un combat féroce, le « vis-rock[2] » n'est pas adapté à cette fissure trop large pour se protéger. « Thierry, fais très attention ! » Et la voilà qui se lance encore dans ces mouvements exposés à une chute vertigineuse. À bout de forces et après un nouveau bivouac, Simone et Thierry atteignent le sommet pour une réalisation qui entrera dans l'histoire. Simone va poursuivre ses aventures aux quatre coins du monde : *Nose* au Yosemite, *Diamond couloir* au mont Kenya, Garet el Djenoun dans le Hoggar… Une vie entière dédiée aux montagnes. La Dame de Pic incarne l'époque qui vient : femme ou homme, premier ou second de cordée, il n'existe aucune frontière réelle à l'ascension d'une montagne qui met en jeu l'essence même de l'existence. Simplement vivre et « participer à la splendeur du monde ».

1. La cotation en libre de cette fissure de la face sud du Fou est 7b+. Elle a été ouverte en 1963 par John Harlin, Tom Frost, Gary Hemming et Stewart Fulton.

2. Système d'ancrage par vis adapté à des fissures.

À GAUCHE
SIMONE ET SA PUISSANCE LÉGENDAIRE (VERDON).
© ARCHIVES BADIER

À DROITE
« PARTICIPER À LA SPLENDEUR DU MONDE ».
© ARCHIVES BADIER

CHAMPIONNE DE HAUTE MONTAGNE

EN COUPLE

Cette histoire de l'alpinisme au féminin cache peut-être une part essentielle : les aventures vécues en couple. Nous pourrions imaginer que seule une femme en solitaire ou grimpant avec des femmes aurait une légitimité à écrire les pages d'un alpinisme au féminin. Pourtant, les phrases de Pierre Neyret, guide de haute montagne qui a partagé une tranche de vie avec Chantal Mauduit, esquissent avec émotion une idée puissante : « On s'aimait, on était deux âmes romantiques éprises de pureté et de liberté. (...) On vivait simplement un bonheur entier qui faisait disparaître les questions. La montagne était à nous. (...) On avait tout : le grand amour et une terre sauvage pour le partager. »

Amour et alpinisme... alpinisme et amour. La vie de la cordée dépasse souvent la simple dimension de la sécurité, de l'efficacité ou de la solidarité : elle fonde un lien immatériel et affectif puissant. L'exemple de Gino Buscaini qui gravit en solo le Grand Capucin pour les beaux yeux de Silvia Metzeltin illustre ce versant amoureux de la montagne. Alors, réduire l'expérience de l'alpinisme à la seule conquête d'un sommet par un itinéraire difficile en appauvrit peut-être le sens. L'alpinisme vaut par l'expérience partagée, vécue avec ses émotions, ses doutes, ses joies et ses rêves. L'amour y a donc sa part. Silvia deviendra une alpiniste de grand talent qui réalisera en tête et en réversible de nombreuses premières dans les Dolomites, en Himalaya et en Patagonie des années 1970 à 1990.

Nous avons déjà cité Isabella Straton et son mari Jean-Estéril Charlet, Marie Paillon et Kate Richardson, Anna Escher et Emilio Comici, Nini Pietrasanta et Gabrielle Bocalatte, Hettie et Günter Dyhrenfurth[1] ou le guide suisse Christian Almer et sa femme qui célèbrent leurs noces d'or au sommet du Wetterhorn à 70 et 71 ans.

Parmi ces couples de légende, citons Sonia et son mari bien connu pour son humour décapant et son talent de grimpeur dans les Calanques et les Dolomites. Originaire de Marseille, Georges Livanos, surnommé « le Grec », parle de Sonia avec sa faconde inimitable : « Si c'était une patate, je le dirais... ou plutôt je ne le dirais pas puisque je ne l'aurais pas épousée ». Sonia va grimper avec Georges une vie durant. Elle va recevoir le Pelmo d'Oro, remis par la communauté des alpinistes de Belluno, pour avoir été « ce couple en or sur les rochers comme dans la vie ». Ceux qui ont rencontré Sonia connaissent sa gentillesse, son sourire étincelant et son talent de grimpeuse. Avec les commentaires de Georges, on mesure les liens du couple : « Au refuge, madame, avec ses idées saugrenues sur la propreté, a toujours les mains dans l'eau : lessive, toilette, etc. (Moi, pour ce dernier chapitre, je suis très grand siècle, j'opère à l'eau de Cologne.)[2] » Et Georges de poursuivre encore : « Certains de mes amis m'ont envié une compagne toujours prête à me suivre dans les plus surplombantes aventures. Les malheureux,

EN HAUT
ISABELLE ET HENRI AGRESTI AU SOMMET DU MONT FORAKER (ALASKA).
© COLL. AGRESTI

EN BAS, À GAUCHE
VOYAGER ENSEMBLE AU BOUT DU MONDE : NICOLE ET RAYMOND LEININGER.

EN BAS, À DROITE
AU SOMMET DU QUITARAJU (6100 M) : GEORGES ET CLAUDE KOGAN, RAYMOND ET NICOLE LEININGER.

1. Ils obtiennent la troisième et dernière médaille olympique d'alpinisme en 1936 pour leur ascension du Sia Kangri à 7315 mètres d'altitude.
2. https://ghm-alpinisme.fr/data/divers/Sonia_Vola_2018

s'ils savaient ! S'ils savaient ce que cela représente que de grimper des journées entières avec un mètre cinquante de faible femme ignorant la difficulté, la fatigue, la peur, le froid, la faim, la soif, alors que LUI est fort sensible à ces désagréments ! S'ils savaient ce que cela représente, après un passage de VI, que de LA voir arriver, souriante, calme, détaillant les tons d'une fleurette du surplomb, alors que LUI, à ce même surplomb... Enfin, passons... Tout n'est pas rose dans l'alpinisme conjugal, mais ses épines peuvent aussi avoir du bon. Devant ce second, sa femme par-dessus le marché, qui lui prouve à chaque longueur de corde combien il est lent et maladroit, IL finit par s'énerver. Il y a là une question de prestige, pour un mari ; d'un piton dépend l'équilibre d'un ménage[1]... »

Du passé à la modernité, cette liste devient vertigineuse : Claude et Georges Kogan, Nicole et Raymond Leininger, Liz et Royal Robbins, Liliane et Maurice Barrard, Yvette et Michel Vaucher, Silvia Metzeltin et Gino Buscaini, Luisa Jovane et Heinz Mariacher, Nives Meroi et Romano Benet, Stéphanie Bodet et Arnaud Petit... Dénombrer les couples qui ont écrit des pages de l'histoire de l'alpinisme revient à rédiger le catalogue des 3 Suisses, tant ils sont nombreux et présents à toutes les époques.

Aux prémices de ces cordées, on retrouve parfois le mouvement étudiant, lieu de rencontre d'une jeunesse en quête d'aventure. Les groupes universitaires foisonnent de Paris à la Californie : clubs et associations sont un joyeux creuset de cet esprit. *Le Crampon*, revue de l'Union de la jeunesse républicaine de France, raconte l'histoire des groupes universitaires montagne et ski (GUMS), créés en juin 1948. Ce mouvement prolonge l'esprit du scoutisme et du « sport populaire » organisé dans les années 1930 par Léo Lagrange, poursuivi pour des motifs plus politiques par le régime de Vichy avec les chantiers de la jeunesse française ou par l'Armée de l'air qui crée en 1940 l'association Jeunesse et montagne[2]. Cette succession d'initiatives veut sensibiliser la jeunesse au camping, à la nature et à la montagne avec des dizaines de camps d'été et des séjours d'hiver organisés dans les Pyrénées et les Alpes. Nicole et Raymond Leininger en sont des symboles. Après de grandes ascensions dans les Alpes, ils partent en 1938 pour un tour du monde à pied et à vélo : « Nous débutions tous les deux dans la vie », écrit Nicole, « je faisais ma première année de stage au barreau de Paris, Raymond fabriquait et vendait avec son habituel camarade de cordée Pierre Allain, les instruments de l'évasion : tentes, sacs, cordes, piolets... Il y a environ un an que nous sommes mariés ; nos gains réunis sont juste suffisants pour vivre. Nous sommes décidés au départ. » La guerre les surprend en Afghanistan, au pied des Bouddhas de Bâmiyân et, de retour à Marseille en août 1941, ils entrent dans la Résistance. Raymond devient chef de centre Jeunesse et montagne[3] avant de se retrouver à la tête d'un maquis dans le Dévoluy. À la Libération, il contribue à la collaboration étroite entre l'UNCM[4] (ancêtre de l'UCPA) et le GUMS[5] pour favoriser cette dynamique qui offre à la jeunesse de sortir du moule d'une vie urbaine sans surprises.

1. *Au-delà de la verticale*, Georges Livanos, éditions Guérin, 2014.

2. Qui deviendra ensuite l'UNCM (Union nationale des camps de montagne, ancêtre des UCPA actuelles).
3. Le mouvement Jeunesse et Montagne regroupe les grands alpinistes de l'après-guerre : Lionel Terray, Gaston Rebuffat, Louis Lachenal...
4. Dont il est le premier directeur technique national.
5. Groupe universitaire montagne et ski.

DEUX LÉGENDES DE L'ESCALADE, STÉPHANIE BODET ET ARNAUD PETIT, AU SOMMET DE LA TOUR CENTRAL DU PAINE.

© COLL. ARNAUD PETIT

Le couple Leininger ouvre la voie à cette jeune génération en quête d'aventure. L'Afghanistan qu'ils ont visité à vélo est une *terra incognita* aux confins de l'Indus, qui attire aussi Henri et Isabelle Agresti, les parents de Blaise. Ils se rencontrent dans le cadre du GUMS d'Aix-en-Provence au début des années 1960, poussés par une passion commune pour la montagne. Sur les traces du guide Gaston Rebuffat, Henri est aspirant-guide et étudiant en lettres comme Isabelle : ils rêvent de sommets et d'ascensions. Après une période d'apprentissage sur les rochers de la montagne Sainte-Victoire et dans les Calanques, ils envisagent de voyager plus loin. Avec le GUMS, ils font des ascensions dans les Alpes en guise de prélude, puis une expédition saharienne. Nourris des récits de Marco Polo, ils réalisent en 1966 une épopée incroyable en couple au Noshaq (7492 m), plus haut sommet d'Afghanistan. L'ascension de l'antécime à 7400 mètres d'altitude sans porteurs ni oxygène est un véritable exploit pour l'époque et Isabelle sera surnommée « la femme la plus haute du monde » par des revues promptes à saisir le symbole de cette réussite à 23 ans. Sur les traces d'Hettie Dyhrenfurth en 1934 au Sia Kangri à 7315 mètres, de Claude Kogan qui, accompagnée par Raymond Lambert[1], avait atteint 7700 mètres sur les flancs du Cho Oyu en 1954, puis de l'alpiniste tibétaine Phanthog[2] en 1959 au Mustagh Ata (7546 m), Isabelle est alors une des rares femmes à avoir franchi la barre symbolique des 7000 mètres. Cette effraction en haute altitude, vécue avec l'insouciance de la jeunesse, ouvre une vie entière d'alpinisme et d'escalade avec de nombreuses premières ou répétitions réalisées dans le Sahara à la Garet el Djenoun, en Kabylie, dans les Alpes (face nord du Pic Sans Nom, pilier du Frêney avec une retraite dans la tempête, Grandes Jorasses, *Directe Américaine* aux Drus...), des escalades en Californie et une ascension remarquée en Alaska avec cette première de l'arête des Français au mont Foraker[3], jamais répétée jusqu'à aujourd'hui. La « cordée Henri et Isabelle » a vécu dans une communauté de destin, explorant sans cesse, toujours en quête de grand air, de marches, de voyages et de rencontres, des confins du Sahara aux États-Unis, des Alpes jusqu'aux montagnes corses qui leur offrent encore l'occasion de premières magnifiques sur le granit de Bavella, de la Restonica ou de Porto[4].

Dans un même mouvement, une génération entière se dresse dans les années 1960 et 1970 avec un idéal de liberté que l'on retrouve aussi au cœur du Yosemite. Au camp 4, ce petit espace de camping où les couples se font et se défont, les grimpeurs des universités de Stanford, Princeton ou Berkeley viennent vivre des expériences ultimes sur les *big walls* et écrire une nouvelle page de l'histoire. Liz et Royal Robbins incarnent cet esprit et traversent le temps. Dans l'ombre de Royal, Liz est la première femme à gravir le Half Dome. Mais au-delà de ses ascensions, elle défend une vision éthique de l'escalade et, avec son mari, ils vont créer la marque Robbins dédiée à l'outdoor. Une réussite commerciale et une trace exemplaire pour les générations futures, dans la mouvance de Patagonia avec Yvon Chouinard.

1. *Record à l'Himalaya*, Claude Kogan & Raymond Lambert, éditions France Empire, 1955
2. https://www.climbing.com/news/the-first-three-women-on-everest/
3. Film *Alaska, la femme de Denali*, Henri Agresti, 1976.
4. *Corse, les 100 plus belles*, Henri Agresti & Jean-Paul Quilici, éditions Denoël, 1986.

SONIA ET GEORGES LIVANOS, LE COUPLE LE PLUS SESTOGRADO !
© DR

EN CHEMIN VERS LA LIBERTÉ

1968-1990

AU CAMP DE BASE DE L'EVEREST EN 1988, LYDIA (À DROITE) EST AVEC PEGGY LUCE (2e AMÉRICAINE À L'EVEREST) ET STACEY ALLISON (1re AMÉRICAINE À L'EVEREST) ET UNE JOURNALISTE.

L'histoire distingue plusieurs vagues féministes : la première au milieu du XIXe siècle avec les droits civiques (vote, éligibilité, propriété) incarnée par les suffragettes en Angleterre, la deuxième dans les années 1960 qui s'attaque au patriarcat (éducation, salaire, compte bancaire) et à la sphère privée (pénalisation du viol, contraception, avortement) et enfin, la dernière, à partir des années 1990, qui met en lumière les revendications des minorités pour dénoncer les discriminations plurielles dont elles sont l'objet (notamment avec cette idée d'intersectionnalité).

Dans cette brève histoire du féminisme, *Le Deuxième sexe* de Simone de Beauvoir, publié en 1949, reste un repère. Le livre suscite de vives polémiques et sera un véritable séisme dans la conscience collective à sa sortie. Sans être un pamphlet féministe, il va devenir une bible de la compréhension philosophique et sociale de ces discriminations structurelles historiques. Sa phrase célèbre, « On ne naît pas femme, on le devient », porte en elle une réflexion essentielle sur la construction de l'identité féminine dans la société.

Pour l'illustrer, il faut se souvenir qu'il faut attendre 1965 pour que le Code civil, monument du patriarcat rédigé par Napoléon, soit révisé et supprime la tutelle du mari ou du père. Libérées de ce joug, un nouvel horizon se découvre pour les femmes. La prospérité des Trente Glorieuses leur permet de s'affranchir un peu plus des charges domestiques. Les mentalités évoluent lentement alors que la montagne prend place dans le récit national avec la première ascension de l'Annapurna en 1950 et les plans Neige qui permettent aux passionnés de découvrir les joies des sports d'hiver.

C'est cette dynamique globale qui ouvre la période de la révolution étudiante de mai 1968, laquelle cristallise deux visions du monde. La jeunesse aspire à vivre librement et l'alpinisme incarne cet esprit. Les femmes s'emparent de cet espace d'expression avec bonheur. Liberté chérie…

PREMIÈRE ASCENSION FÉMININE À L'ANNAPURNA (ARLENE BLUM TEAM). PHOTO TIRÉE DU LIVRE D'ARLENE BLUM.

JUNKO, PHANTHOG ET WANDA : PREMIÈRES À L'EVEREST

En août 1979, un cours un peu particulier est dispensé à la promotion d'aspirants-guides de l'ENSA (École nationale de ski et d'alpinisme) de Chamonix. Trois femmes sont sur l'estrade et viennent parler de l'histoire de l'alpinisme dans leurs pays respectifs. Il s'agit de la Japonaise Junko Tabei, de la Tibétaine Phanthog et de la Polonaise Wanda Rutkiewicz, les premières femmes à avoir gravi l'Everest. Leur parcours et leur exploit méritent toute notre attention. Ce moment de rencontre et de partage a été immortalisé par Isabelle Agresti, alpiniste elle-même, qui les a prises en photo devant l'ENSA (École nationale de ski et d'alpinisme).

La première ascension féminine de l'Everest (8 848 m), le 16 mai 1975, revient à la Japonaise Junko Tabei, vingt-deux ans après celle du Néo-Zélandais Edmund Hillary et du sherpa Tenzing Norgay.

Ceux qui l'ont connue ont été marqués par son énergie incroyable et son immense volonté chez une femme qui ne mesurait qu'un mètre cinquante et ne pesait que 43 kilos... Junko découvre la montagne dans son enfance puis s'inscrit dans un club d'escalade où elle est la seule femme. Elle commence sa carrière d'alpiniste avec son mari, qui sera toujours son premier soutien. Mère d'un enfant de trois ans, elle va être sélectionnée pour faire partie d'une expédition féminine à l'Everest. Elle s'investit beaucoup dans l'organisation de cette dernière qui va durer 130 jours et frôler la catastrophe lorsque le camp 2 sera enseveli par une avalanche. Cinq membres de l'équipe sont extraits par les sherpas, dont Junko qui a perdu connaissance.

JUNKO, PHANTHOG ET WANDA DEVANT L'ENSA, ÉCOLE NATIONALE DE SKI ET D'ALPINISME, À CHAMONIX.
© COLL. AGRESTI

Accompagnée de Ang Tsering, elle continuera seule vers le sommet pour devenir la première femme à atteindre l'Everest.

En véritable passionnée d'alpinisme, Junko se lance ensuite un autre défi, celui de devenir la première femme à conquérir les sept sommets des sept continents : l'Everest en Asie, le Denali en Amérique du Nord, l'Acongagua en Amérique du Sud, le Kilimandjaro en Afrique, la pyramide de Carstensz en Océanie, le mont Vinson en Antarctique et l'Elbrouz en Europe. Elle atteindra aussi les points culminants de 70 pays du monde et participera plusieurs fois à des expéditions de nettoyage des déchets laissés par les alpinistes sur les pentes des montagnes. Toute sa vie, elle dénoncera le tourisme de masse, en particulier sur les 8000 et ses conséquences sur la nature. Elle est morte en 2016 à 77 ans.

La Tibétaine Phanthog est arrivée au sommet de l'Everest le 27 mai 1975, onze jours après Junko Tabei. Elle y parvient depuis le côté tibétain, avec huit autres alpinistes chinois. Ils faisaient partie de « l'équipe de la victoire », un groupe de trois femmes et quatorze hommes... Elle fut la seule femme à atteindre le sommet ce jour-là et, malgré l'amputation de trois orteils à cause de gelures, elle annoncera fièrement par la suite : « Les femmes chinoises ont une forte volonté ; les difficultés ne peuvent pas nous arrêter. Nous avons gravi le plus haut sommet du monde. Nous soutenons vraiment la moitié du ciel sur nos épaules (célèbre expression chinoise, ndlr). »

À cette époque, les moyens de communication ne sont pas ceux d'aujourd'hui. Pendant tout le retour, Phanthog sera persuadée d'être la première au sommet de l'Everest et n'apprendra que quelques jours plus tard que Junko est arrivée avant elle.

Phanthog est née au pied des plus hautes montagnes du Tibet mais en 1975, ce dernier a déjà perdu son indépendance et a été intégré à la République populaire de Chine. Suite à son exploit, elle connaîtra une carrière politique en tant que déléguée à l'Assemblée nationale populaire (le Parlement chinois). Elle qui avait grandi dans un petit village et travaillé très jeune pour subvenir aux besoins de sa famille sera « la femme la plus haute du monde » en 1959 avec son ascension du Mustagh Ata (7546 m). En 2008, elle est sélectionnée pour être porte-drapeau lors des Jeux olympiques de Pékin. Elle sera également mise à l'honneur l'année suivante, au cours de la cérémonie « 60 ans, 60 légendes » au Centre national des sports olympiques de la capitale chinoise. Elle est décédée en 2014, à l'âge de 75 ans.

Wanda Rutkiewicz est quant à elle la troisième femme, la première Polonaise, homme et femme confondus, à avoir gravi l'Everest, le 16 octobre 1978, à 35 ans. Son destin incroyable fait d'elle l'une des meilleures alpinistes de l'histoire.

Cette photo témoigne de ce destin commun scellé là-haut, auprès de la déesse Sagarmatha, nom népalais du mont Everest qui signifie « la déesse mère du ciel » en sanskrit.

JUNKO TABEI EN 1985 LORS DE L'ASCENSION DU PIC DU COMMUNISME.
© JAAN KÜNNAP

UN SPOUTNIK NOMMÉ WANDA

L'alpinisme polonais constitue une page singulière de l'histoire. Aucune nation ne peut se prévaloir d'un lien aussi fort avec la montagne : l'alpinisme incarne les valeurs et l'âme du peuple polonais tout entier. De Jean-Paul II, pape et alpiniste, aux légendes de l'himalayisme Jerzy Kukuczka, Krzysztof Wieliecki, Wojciech Kurtyka, la liste est longue pour conter les exploits de cette nation.
Au milieu de ces hommes, une femme émerge de l'histoire comme un Spoutnik : Wanda Rutkiewicz. Née en 1943 « d'un père excentrique et d'une mère dépassée »[1], Wanda grandit en Pologne dans les soubresauts de la guerre et se forge un caractère en acier trempé. Elle découvre l'alpinisme au pic Lénine en 1970. Son ascension de l'Everest en 1978 sera un combat pour être la troisième femme au sommet : seule femme dans une expédition austro-allemande, elle doit faire face à l'hostilité de l'équipe. Souvent seule, il n'y a pas de duvet pour elle au col Sud à 8 000 mètres d'altitude la nuit qui précède l'assaut. Mais elle fait front et gravit seule le ressaut Hillary : « C'est là où j'ai eu le plus peur », dit-elle avant d'atteindre le sommet. Son succès est un grand jour pour la Pologne : Wanda sur le Toit du monde et Karol Wojtyla élu pape sous le nom de Jean-Paul II. Frustrée par l'inégalité au sein des expéditions, elle ne grimpera pratiquement qu'avec des femmes. Elle est venue à Chamonix plusieurs fois et lors d'une rencontre de femmes alpinistes à l'ENSA en 1978, Wanda a l'idée d'une expédition 100 % féminine au K2.
En 1982, elle rassemble une équipe internationale de douze femmes. Isabelle, la mère de Blaise, est inscrite sur la liste, mais renonce avant le départ, « ne le sentant pas ». Wanda, blessée lors d'une ascension à l'Elbrouz, monte au camp de base avec des béquilles. Les conditions sur la montagne sont dantesques et Halina Krüger-Syrokomska meurt sous sa tente le 30 juillet, probablement d'un oedème cérébral. Ce drame signe la fin de l'expédition.
En 1985, elle monte la première expédition entièrement féminine au Nanga Parbat (8 126 m), aux côtés de Krystyna Palmowska et d'Anna Czerwinska, un an après la première ascension féminine de la Française Liliane Barrard. Elle s'engage ensuite dans la quête des quatorze 8000, et se lance, en 1986, dans une nouvelle tentative au K2. Cet été-là, treize alpinistes vont trouver la mort sur les pentes de la montagne : ses amis Liliane et Maurice Barrard, arrivés au sommet quelques minutes après elle, feront partie des victimes. Wanda est la première femme à atteindre le sommet du K2, le 23 juin.
En 1992, à 49 ans, elle est au pied du Kangchenjunga, son neuvième 8000, avec le Mexicain Carlos Carsolio. Les deux alpinistes partent à 3 h 30 du matin. Carlos Carsolio se hisse à la cime après douze heures de combat dans une neige profonde. En descendant, il retrouve Wanda, qui s'abrite dans une grotte, à environ 8 200 mètres d'altitude, et discute avec elle sur son intention de bivouaquer et de tenter le sommet le lendemain. Il racontera plus tard : « Je ne pouvais pas lui dire de ne pas y aller. Je lui ai suggéré "Wanda, il fait trop froid, l'ascension est encore longue, le mauvais temps arrive", sans pour autant lui déclarer "Wanda, arrête, descends avec moi". Je n'ai pas eu le courage de mettre fin à son rêve. Elle risquait sa vie, c'était sa décision. »
Elle ne reviendra jamais au camp de base.

---

1. *100 Alpinistes, collectif*, éditions Guérin, 2015.

EN HAUT
VARSOVIE, DÉCEMBRE 1978 : APRÈS SON ASCENSION DE L'EVEREST, WANDA EST LA COQUELUCHE DES MÉDIAS ET DU PUBLIC POLONAIS.
© PAP/ALAMY/HEMIS

EN BAS
WANDA RUTKIEWICZ EN BÉQUILLES VERS LE CAMP DE BASE DU K2.
© DR

« EXCUSEZ-NOUS »
ELVIRA AU PIC LÉNINE

À l'été 1974, en URSS, on célèbre le cinquantième anniversaire de la mort de Lénine, dont le pic éponyme est à cette époque un symbole majeur de l'alpinisme soviétique. Le camp de base d'Achik-Tash, à 3 800 mètres d'altitude, est inauguré sous la houlette de Vitali Abalakov, figure incontestée du monde de la montagne et dirigeant du célèbre club du Spartak de Moscou. Pour la première fois, des délégations étrangères sont accueillies. Près de 200 alpinistes du monde entier ont saisi l'opportunité de venir découvrir les montagnes du Pamir : Français, Japonais, Autrichiens, Suisses, Anglais et même Américains ! Il y a un terrain de foot et de volley, des douches, un sauna et, pour fêter l'événement, saumon frais et caviar sont servis avec du champagne de Crimée. Il y a donc du monde pour tenter l'ascension du pic Lénine…

Dans cette ambiance effervescente, une expédition pour le moins originale ne passe pas inaperçue : il s'agit de celle menée par l'alpiniste russe Elvira Shataeva et composée uniquement de femmes. Elvira est une jeune alpiniste reconnue dans son pays. Elle est soutenue par son mari et mentor Vladimir Shataev, qui lui a soufflé l'idée de cette expédition. Elle est accompagnée de sept autres femmes qui ne se connaissent pas vraiment et qui viennent des quatre coins de l'Union. Elles ont dressé leurs tentes un peu à l'écart et portent le survêtement bleu officiel avec l'écusson du Spartak et celui des Alpinistes de l'URSS. Ce ne sont pas les seules femmes au camp de base, mais elles représentent la mère patrie et portent sans doute la responsabilité d'être la première expédition féminine russe à tenter le pic Lénine. Une autre équipe féminine internationale est composée d'une Américaine (refusée dans le groupe d'alpinistes américains présents au camp de base), une Allemande et deux Suissesses. Lorsque ces dernières proposent aux Russes de faire une cordée commune à la descente (elles n'empruntent pas le même itinéraire à la montée) ou même de se retrouver au sommet, Elvira refuse. « Nous devons réussir seules », dira-t-elle.

Au début, l'ascension se passe bien.
En témoignent les échanges radio avec le camp de base.
2 août, 13 heures :
– Shataeva pour camp de base. Vous me recevez ?
– Ici camp de base, à toi Elvira.
– Beau temps. Vent de brise supportable. Itinéraire tranquille. Très bon moral. Pour le moment, tout va si bien que nous trouvons la voie un peu trop facile…
Le lendemain, elles prennent un jour de repos alors qu'il fait grand beau. D'abord parce que certaines sont fatiguées, mais aussi pour laisser filer deux alpinistes russes hommes dont elles ont l'impression qu'ils les surveillent…
Trois jours plus tard, juste après avoir atteint le pic Lénine, elles sont prises dans une tempête d'une rare violence qui emporte une bonne partie de leur matériel. Sans aucune visibilité, elles essaient de s'abriter sous le sommet mais les toiles de tente sont arrachées par le vent…
Elles vont mourir les unes après les autres et le dernier contact radio au camp de base sonne le

EN HAUT
L'ARÊTE SOMMITALE, LIEU DU DRAME POUR ELVIRA ET SES COMPAGNES DE CORDÉE.
© BREAKING TRAIL: A CLIMBING LIFE, ARLENE BLUM, 2005

EN BAS
ELVIRA EXPLIQUE À ARLENE BLUM QUE LA PLUPART DES ALPINISTES RUSSES NE PENSENT PAS QUE DES FEMMES SOIENT CAPABLES D'ATTEINDRE 7 000 MÈTRES.
© BREAKING TRAIL: A CLIMBING LIFE, ARLENE BLUM, 2005

glas de l'expédition. C'est une tragédie en direct à laquelle assistent, impuissants, les alpinistes du camp de base.

Ce n'est plus Elvira, cheffe d'expédition, qui parle, mais Galina, sa compagne de cordée et amie.

7 août, 21 h 15

– Perechodiuk pour base. Nous ne sommes plus que deux. On n'a plus de forces. Dans quinze ou vingt minutes, nous ne serons plus parmi les vivants. Excusez-nous.

Elvira, Galina, Ludmilla, Ilsiar, Tatiana, Valentina, Nina et Irina ne redescendront jamais. Les corps des huit femmes seront retrouvés le lendemain. Le beau temps est revenu… mais la montagne garde la trace de la tragédie.

Comment cela a-t-il pu arriver ? Comment est-il possible qu'elles soient toutes mortes sur cette montagne pourtant réputée peu technique ? Avaient-elles le choix de renoncer, d'échouer ? Elles n'ont, en tous cas, jamais voulu se séparer. Il y avait sans doute, pour Elvira notamment, le poids des responsabilités et la charge mentale d'être cheffe d'expédition en URSS en 1974, sous le regard et le contrôle des caciques de l'alpinisme soviétique.

La force symbolique de l'ascension, la pression politique et peut-être aussi l'ambition, pour certaines, de devenir « maîtres des sports » ou de se faire un nom dans l'univers de la montagne, peuvent, sans doute, expliquer leur détermination à réussir quel qu'en soit le prix.

Quelques jours après les événements, la commission d'enquête a conclu son rapport par la mention suivante : « Dans le futur, il ne sera pas opportun d'autoriser des groupes exclusivement féminins à tenter des ascensions dépassant la catégorie de difficulté II. »

Encore un petit pas en arrière pour la cause des femmes en montagne.

APRÈS TROIS JOURS DE TEMPÊTE, LES ALPINISTES AMÉRICAINS REDESCENDENT AU CAMP 2 MALGRÉ LE RISQUE D'AVALANCHE ALORS QUE PLUS HAUT, LE DRAME SE NOUE DÉFINITIVEMENT.

100 % FÉMININ, MAIS À QUEL PRIX ?

Le tournant féministe des années 1960 touche aussi l'univers de la montagne. Alors que les mouvements féminins s'amplifient et que naît l'idée que les femmes doivent se prendre en main pour se libérer du joug masculin, des initiatives d'expéditions 100 % féminines voient le jour sur les plus hautes montagnes du monde.

En 1959, Claude Kogan, alpiniste niçoise talentueuse, organise une expédition internationale entièrement composée de femmes. Cette décision audacieuse et avant-gardiste fait l'objet de critiques, voire de dénigrement, dans le milieu de l'alpinisme. Lucien Devies, président du Club alpin, qualifie l'entreprise durement : « Si elles réussissent, cela confirmera mon impression que le Cho Oyu est une montagne à vaches. » Mais Claude Kogan tient bon. Elle est déjà montée sur cette montagne en 1954, mais a dû renoncer à 450 mètres du sommet, devenant ainsi la « femme la plus haute du monde ».

Elle veut effectuer l'ascension du Cho Oyu par son versant népalais et réunit les meilleures alpinistes de l'époque. Mais l'entreprise est perturbée par la mousson. Des vents violents atteignent 160 km/h. Claude Kogan meurt sans doute ensevelie par une avalanche dans sa tente à 7150 mètres d'altitude, en compagnie de Claudine van der Straten et d'un sherpa. Leurs corps ne seront jamais retrouvés. Micheline Rambaud, cinéaste de l'expédition[1], raconte qu'avant de redescendre, la mort dans l'âme, elles ont construit un cairn en hommage à leurs amies disparues, et inscrit leurs noms sur une plaque en tôle avec… du vernis à ongles.

Quinze ans plus tard, en 1974, une autre tragédie touche une expédition composée exclusivement de femmes. C'est le drame d'Elvira Shataeva et ses compagnes au pic Lénine[2]. Il n'y a aucune survivante.

En 1978, Arlene Blum, alpiniste américaine qui a déjà mené une expédition féminine au Denali (sommet du continent nord-américain), décide de gravir l'Annapurna avec un groupe de grimpeuses américaines. Pour financer l'expédition, elle a l'idée de vendre des tee-shirts avec un message féministe : « La place des femmes est au sommet. » (*A woman's place is on top*). Le slogan devient iconique et la vente rapporte 80 000 dollars, permettant au groupe de s'envoler pour le Népal.

Une première cordée va parvenir au sommet, à 8 091 mètres. C'est la première ascension américaine de l'Annapurna, hommes et femmes confondus et c'est un record d'altitude pour les femmes américaines. Mais c'est aussi le début d'une terrible tragédie. Deux alpinistes du deuxième groupe parties vers le sommet chutent après le camp 5. Vera Watson et Alison Chadwick seront les premières victimes femmes de l'Annapurna, montagne réputée particulièrement dangereuse.

En 1982, c'est au tour de Wanda Rutkiewicz d'organiser une expédition entièrement féminine : ce sera au K2, deuxième plus haut sommet de la planète. Alors qu'elle s'est cassé la jambe en montagne quelques

1. *Voyage sans retour*, Micheline Rambaud, éditions du Mont-Blanc, 2021

2. Voir chapitre « Excusez-nous : Elvira au pic Lénine ».

EN HAUT
PHOTOS D'EXPÉDITION, DENALI.
© BREAKING TRAIL: A CLIMBING LIFE, ARLENE BLUM, 2005

EN BAS, À GAUCHE
AVEC UN TEL SLOGAN DEVENU ICONIQUE, LA VENTE DES TEE-SHIRTS D'ARLENE BLUM LUI PERMETTRA DE FINANCER SON EXPÉDITION À L'ANNAPURNA EN 1976.
© BREAKING TRAIL: A CLIMBING LIFE, ARLENE BLUM, 2005

EN BAS, À DROITE
PHOTO D'EXPÉDITION, ANNAPURNA.
© BREAKING TRAIL: A CLIMBING LIFE, ARLENE BLUM, 2005

a woman's
place is on
top
Annapurna
AMERICAN WOMEN'S HIMALAYAN EXPEDITIONS

70
K2

mois auparavant, elle refuse d'abandonner le groupe et rejoint le camp de base en béquilles, sur plus de 100 kilomètres ! Mais l'expédition se solde par un échec : une des participantes, Halina Krüger-Syrokomska, décède brutalement d'un accident vasculaire cérébral à 6 800 mètres d'altitude, et l'arrivée de la mousson réduit à néant les chances d'atteindre le sommet.

Après chacune de ces expéditions, les critiques ont été nombreuses et le traitement médiatique a même parfois été cruel, à la différence des expéditions masculines, y compris celles qui se sont soldées par un échec. Alors, que penser des expéditions 100 % féminines des années 1960 à 1980 ? Elles débutent toutes dans un enthousiasme sincère, mais difficile de comprendre *a posteriori* les raisons profondes de ces accidents : s'agit-il d'un manque d'expérience de la gestion de groupes en haute altitude ?

Mais ce qu'il faut retenir, c'est que cette période constitue une étape vers l'émancipation et prépare les réussites à venir.

Ainsi, lors de l'été 2024, une expédition féminine composée de quatre Italiennes et quatre Pakistanaises a tenté de gravir le K2 (Pakistan), deuxième plus haute montagne du monde, pour porter le combat de la parité homme-femme. Composée des Italiennes Federica Mingolla, Silvia Loreggian, Anna Torretta, Cristina Piolini et des Pakistanaises Samina Baig, Amina Bano, Nadeema Sahar, Samana Rahim, plusieurs des alpinistes ont réussi le sommet. « Je reste convaincue qu'avec un groupe constitué uniquement de femmes, on réussira plus facilement à dépasser nos limites mentales que dans une cordée mixte », expliquait Anna Torretta avant leur départ.

La *cordata rosa* (cordée rose) avait un double objectif : remonter au sommet du K2 qui a été gravi pour la première fois par des Italiens en 1954[1], il y a 70 ans, et donner de la visibilité aux femmes pakistanaises qui veulent désormais être présentes sur les montagnes de leur pays.

---

1. Le K2 a été gravi en 1954 par Lino Lacedelli et Achille Compagnoni.

EN HAUT
MARGARET CLARK, DANA ISHERWOOD ET ARLENE BLUM EN SOUS-VÊTEMENTS THERMIQUES SUR LE GLACIER. EXPÉDITION AU DENALI.
© BREAKING TRAIL: A CLIMBING LIFE, ARLENE BLUM, 2005

EN BAS
L'ÉQUIPE ITALO-PAKISTANAISE AU K2 EN 2024.
© ARCHIVES CAI

HANNELORE, VIGIE DE L'EVEREST

« *Water, water !* » sont ses derniers mots. Sur cette arête sud, à 8 300 mètres d'altitude, la survie est éphémère. En cette année 1979, Hannelore Schmatz est la quatrième femme de l'histoire au sommet de l'Everest, et la première Allemande. Mais elle est morte d'épuisement à la descente. Son mari Gerhard a réussi le sommet la veille et croise Hannelore en redescendant. Il l'informe des conditions difficiles qu'ils ont rencontrées avec ses compagnons, en particulier au ressaut Hillary, un des passages les plus techniques de l'itinéraire.

Mais Hannelore, qui prévoyait de monter seulement au col Sud, se sent en grande forme et décide de tenter le sommet avec deux sherpas. Un autre groupe part en même temps, vers 5 heures du matin le 1er octobre, en compagnie de Ray Genet, alpiniste américain et guide d'envergure qui a gravi trente-cinq fois le Denali en Alaska. L'ascension est épuisante et plus longue que prévu, l'oxygène commence à manquer et les conditions météorologiques se dégradent. Hannelore et Ray ne restent que dix minutes au sommet et entament la descente. Mais, très vite, ils se retrouvent piégés par l'obscurité et la tempête à 8 500 mètres. Malgré l'insistance des sherpas à ne pas s'arrêter, ils décident de se reposer et essaient sans succès de creuser un abri dans la neige. Ray meurt d'hypothermie pendant la nuit. Hannelore et le sherpa Sungdare, qui est resté auprès des deux alpinistes, tentent de reprendre la descente, mais l'état physique et psychique d'Hannelore s'est dégradé après la nuit passée dans la « zone de la mort ». Exténuée, elle s'assoit à 8 300 mètres pour se reposer. Elle s'endort et ne se relèvera jamais. À 39 ans, Hannelore est la première femme à périr sur les pentes de l'Everest. Sungdare redescend seul. Il est sauvé, mais perd ses doigts et ses orteils.

Pendant plusieurs années, le corps momifié de l'Allemande est resté au bord de la trace, en position assise, environ 100 mètres au-dessus du col Sud. Yeux ouverts, cheveux au vent, appuyée sur son sac à dos, elle est un rappel glaçant des risques encourus en haute altitude[1].

En 1985, l'alpiniste britannique Chris Bonington confond le corps avec une toile de tente, avant de se rendre compte de sa méprise. La même année, le Norvégien Arne Næss Jr, qui vient de réussir l'Everest, a raconté sa rencontre troublante avec la femme allemande : « Ce n'est pas loin maintenant. Je ne peux pas échapper à la vision sinistre. À environ 100 mètres au-dessus du camp 4, elle est assise contre son sac, comme si elle prenait une courte pause. Une femme aux yeux grand ouverts et aux cheveux ondulant à chaque coup de vent. Il s'agit du cadavre d'Hannelore Schmatz, l'épouse du chef d'une expédition allemande de 1979. Elle a atteint le sommet, mais est morte en redescendant. Pourtant, j'ai l'impression qu'elle me suit des yeux lorsque je passe. Sa présence me rappelle qu'on est ici à la merci des conditions de la montagne. » Plusieurs années après, le corps d'Hannelore basculera dans la face, entraîné par une tempête, et disparaîtra définitivement.

---

1. En moyenne, entre cinq et dix personnes meurent chaque année sur les pentes de l'Everest, et il est souvent impossible ou dangereux d'essayer de les redescendre. Ce nombre a augmenté au cours de la dernière décennie, selon la base de données de l'Himalaya. C'est pourquoi entre 40 et 50 corps restent là où ils sont morts et sont même devenus des repères pour les alpinistes sur les routes d'ascension ou de descente.

EN HAUT
LA CROIX MARQUE L'EMPLACEMENT DU CORPS D'HANNELORE, SUR LA VOIE NORMALE DE L'EVEREST, AU-DESSUS DU COL SUD.
© TOM PATTERSON (DONNÉES NSIDC)

EN BAS
PORTRAIT D'HANNELORE.
© ARCHIVES DU CLUB ALPIN ALLEMAND, MUNICH

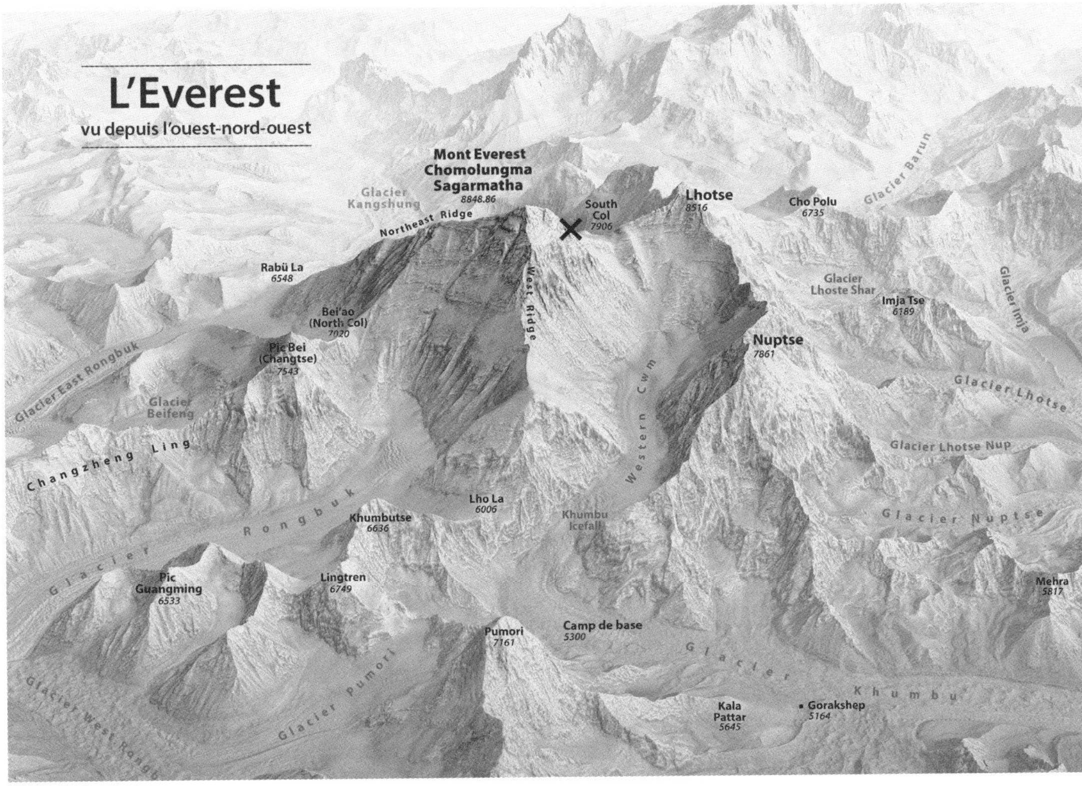
L'Everest
vu depuis l'ouest-nord-ouest
Mont Everest
Chomolungma
Sagarmatha
8848.86
Glacier Kangshung
Northeast Ridge
South Col
7906
Lhotse
8516
Cho Polu
6735
Glacier Barun
Rabü La
6548
West Ridge
Glacier Lhoste Shar
Imja Tse
6189
Glacier Imja
Bei'ao
(North Col)
7020
Nuptse
7861
Pic Bei
(Changtse)
7543
Glacier East Rongbuk
Glacier Beifeng
Western Cwm
Glacier Lhotse
Changzheng Ling
Glacier Lhotse Nup
Lho La
6006
Khumbutse
6636
Khumbu Icefall
Glacier Nuptse
Glacier Rongbuk
Pic Guangming
6533
Lingtren
6749
Mehra
5817
Pumori
7161
Camp de base
5300
Glacier Khumbu
Glacier Pumori
Glacier West Rongbuk
Kala Pattar
5645
Gorakshep
5164

SPACE BELOW MY FEET
GWEN MOFFAT
Sax

GWEN, MARTINE, NICOLE : PREMIÈRES GUIDES DE HAUTE MONTAGNE

« Un accident, et tout le monde dirait : “C’est ça d’avoir une femme pour guide !” »

Cette crainte d’être jugée par les hommes est partagée par les premières femmes guides. « Les hommes pouvaient se permettre des erreurs, mais pas moi. Ils me surveillent comme des faucons. Peu de gens savent à quel point j’étais terrifiée lorsque j’ai commencé mes premiers engagements professionnels. »[1]

Gwen Moffat est la première femme guide connue[2], qui exerce son métier dès 1953. Née en 1924 à Brighton (Sussex), Gwen grandit dans la période trouble de la Deuxième Guerre mondiale. Pour échapper aux bombardements allemands, elle est évacuée de sa maison à l’âge de 16 ans au début du conflit, comme des centaines de milliers d’enfants anglais. Repliée dans le nord de l’Angleterre, elle découvre la randonnée et le plaisir de gravir des montagnes avec l’école, notamment les Yorkshire Three Peaks. À l’issue de la guerre, elle travaille comme conductrice de chevaux dans l’armée, puis elle déserte et choisit la vie de bohème, alternant petits boulots, bûcheronnage et escalade. Elle pose aussi comme mannequin pour des artistes. Elle rejoint le fameux Pinnacle Club[3] en 1949 pour faire ses gammes et se révèle rapidement par son talent. Réservé aux femmes, ce club, toujours actif aujourd’hui, est un lieu d’apprentissage et d’entraide. Après avoir tenté de revenir au sein de l’armée, elle décide alors de devenir guide de haute montagne. Elle va voyager en Angleterre et en Europe, explorant les Dolomites, les Alpes, dont le Cervin et la Meije. Elle se distingue également en grimpant pieds nus… et entre doucement dans la légende.

Ses débuts comme guide sont clairement soumis à la pression des « clients ». Malgré tout, elle assume. Elle va décrire ses sensations de guide au féminin dans un article amusant – *« Guiding »* – conservé aux archives du Pinnacle Club, qui pose une vision exigeante et humoristique de son rôle. Les hommes sont implacables dans leur jugement à son égard et Gwen doit être excellente dans son rôle de guide. Inspirée, elle raconte sa vie dans le livre[4] *Space below my feet*, lequel propose une vision libre et sobre de la montagne très en avance sur son temps. Il suggère une femme indépendante qui s’assume malgré les conventions sociales. Gwen ouvre magnifiquement la voie aux futures femmes guides, à commencer par Martine Rolland, Française et première diplômée selon les standards internationaux en 1983. Il a fallu attendre trente ans pour qu’une femme envisage de nouveau ce métier. Pourquoi une si longue attente ? En cette période de libération des droits des femmes, le plafond de verre reste infranchissable. Elles partent en expédition, escaladent avec talent, parfois en premières de cordée. Mais le métier de guide semble un interdit absolu : imaginer qu’une femme puisse monnayer son expérience contre de l’argent

1. *Guiding*, texte de Gwen Moffat https://pc-resources.fra1.digitaloceanspaces.com/PC100articles/No.-08-1951-1958.Guiding.pdf
2. Lilly Weyrauch von Weech, qui, selon ses propres déclarations, a passé l’examen de guide de montagne en 1906 et a donc été l’une des premières guides du club alpin allemand (DAV).
3. https://www.pc100.org/
4. *Space Below My Feet*, Gwen Moffat, Pinguin, 1976.

COUVERTURE ORIGINALE DE 1961 DU LIVRE *SPACE BELOW MY FEET* DE GWEN MOFFAT.
© THISLIFE THEN, THISLIFE PICTURES / ALAMY / HEMIS

pour encadrer et diriger une cordée dépasse l'entendement. Et surtout qu'un homme puisse être guidé par une femme…

« La montagne a donné du sens à ma vie », déclare Martine Rolland, aujourd'hui âgée de 75 ans et toujours en forme. Sa longévité à haut niveau, sa discrétion et son éthique restent un exemple de modernité et d'humilité. Elle commence son parcours à Grenoble à l'âge de 20 ans, lorsqu'elle rencontre Jean-Jacques, lui-même aspirant-guide, qui deviendra son compagnon de vie. Ils auront deux enfants : « Je faisais un peu de ski, mais c'est lui qui m'a formée à l'alpinisme, à l'escalade et au ski de randonnée. » Fille d'un ingénieur et d'une secrétaire, elle s'oriente d'abord vers un BTS en secrétariat… avant cette rencontre décisive avec Jean-Jacques. Seule sa pratique du parachutisme laisse entrevoir cette volonté et ce goût pour l'aventure. Après quelques années d'apprentissage, ils s'installent à Crévoux dans les Hautes-Alpes pour y gérer un centre d'accueil et la petite station de ski de fond. Depuis ce camp de base, ils réalisent des ascensions de plus en plus difficiles, ce qui permet à Martine d'intégrer le Groupe de haute montagne dès 1976.

Naturellement, ce parcours lui permet d'imaginer de se présenter à l'examen d'entrée du diplôme de guide en 1979, le fameux probatoire. Elle ne le fait pas pour être la première femme, mais parce que cela sonne comme une évidence. Elle va faire l'objet de nombreux papiers, notamment du magazine *Elle* qui intitule son article « Une maman qui monte ». Parmi 250 candidats, elle sera admise malgré des réactions hostiles, notamment de la part des guides les plus âgés. « Ils se disaient que de toute façon, je ne passerai pas. » Il faut se souvenir que des alpinistes comme René Desmaison avaient pris position contre le fait que les femmes puissent devenir guides. Heureusement, cette hostilité n'est pas généralisée et elle reçoit de nombreux soutiens. En 1983, à 34 ans, elle réussit ses examens finaux et devient ainsi la première femme guide UIAGM[1], même si cette organisation refuse d'abord de l'inscrire sur ses listes. Par ce succès, elle portait atteinte à l'ego des hommes en dévalorisant l'image du guide héroïque : « Pourtant, je n'ai jamais cherché à être la première, je voulais juste me prouver que j'en étais capable. »

Les années 1980 sont une époque de transformation et d'accélération du temps. Après Martine en France, ce sera Nicole Niquille qui va devenir la première femme guide de Suisse en 1986. Comme Martine avec Jean-Jacques, Nicole va s'initier au grand alpinisme avec son compagnon Erhard Loretan (qui réussira les quatorze sommets de plus de 8 000 mètres). En Himalaya, elle va tenter l'Everest en 1986 en même temps qu'elle doit finir son diplôme de guide. Sa vie est intense, variée, mais son regard sur cet alpinisme au féminin reste sans concessions : « C'est un peu facile, ça me fait un peu rire "la femme la plus haute, le couple le plus haut du monde", c'est facile d'être le plus haut, mais il y a des montagnes moins hautes que l'Everest qui sont bien plus difficiles. » Comme pour Gwen Moffat, ses débuts sont soumis au regard critique des hommes. « Quand j'ai commencé à travailler comme guide de montagne, je n'étais pas respectée. C'était évident. Là, juste sous mes yeux, c'était : "Oh, tu es sûre ? C'est sa première

1. UIAGM, Union internationale des guides de montagne.

EN HAUT
L'AUTOBIOGRAPHIE DE MARTINE ROLLAND, PARUE EN 2021. À DROITE, MARTINE À L'ARRIVÉE AU CAMP 2 DU BROAD PEAK, VERS 7 000 MÈTRES, EN 1984.
© COLL. FAMILLE ROLLAND

EN BAS
NICOLE NIQUILLE, UNE FEMME SOLAIRE. À DROITE, NICOLE ARRIVE À CHEVAL DEVANT L'HÔPITAL DE LUKLA PASANG LHAMU EN 2022.
© COLL. NICOLE NIQUILLE

hommes & montagnes
Martine Rolland
Première de cordée
Glénat

année en tant que guide, est-ce que la petite fille va être capable d'assurer ma sécurité ?" » Année après année, à mesure qu'elle gagne en expérience, elle gagne aussi en respect.
En 1987, un portrait lui est dédié à la télévision suisse et elle explique sa vision du métier de guide : « Le client choisit le guide, c'est volontaire. Guider, c'est faire une belle course et si le client est heureux, je suis contente aussi. »

En pleine carrière, une pierre va venir la frapper et transformer sa vie. Paraplégique, elle trouve la force de se relancer sur de nombreux projets : un refuge, un hôpital au Népal, un nouvel amour… Elle ne cesse de surprendre par sa sagesse et son énergie. Son instinct de survie lui permet de surmonter le handicap. Pour se préserver, elle adopte « une stratégie d'écran » et met des filtres sur certains événements pour avancer. Son instinct de vie est plus fort que le handicap et elle se plonge dans la sagesse bouddhiste. Avec le frère de Pasang Lhamu, première Népalaise à l'Everest (décédée à la descente), elle va créer cet hôpital à Lukla, soutenu par sa fondation, et se plonger dans la sagesse bouddhiste. Nicole continue de guider à sa manière et d'inspirer par son exemple : « Ce que j'aime, c'est la vie », dit-elle sobrement en 2023.

Ces trois femmes vont ouvrir la voie. Dans les années 1990, Sylviane Tavernier sera la première femme à entrer à la Compagnie des guides de Chamonix, suivie par la championne olympique Karine Ruby. Après une carrière de haut niveau en snowboard, cette dernière devient aspirant-guide avant son tragique accident dans la vallée Blanche en 2009. Leur intégration dans une compagnie qui incarne une vision traditionnelle du métier est un grand pas en avant.

SYLVIANE TAVERNIER LORS DE L'OUVERTURE DE PETIT VIKING AVEC BRUNO CORMIER ET DOMINIQUE RADIGUE (POINTE DU DOMINO), JUIN 1984.

En 2011, le journal *Le Point* dénombre une vingtaine de femmes guides en France sur 1500. En 2020, elles seront 33 sur 1650.
À l'international, le mouvement est lancé dans de nombreux pays, mais la proportion reste encore marginale. Ulrika, Isabelle, Zoé, Lise, Fanny, Fleur, Adèle… et bien d'autres sont des ambassadrices d'une autre approche de la montagne, mais il reste encore du chemin à parcourir.
Aujourd'hui, être guidé par une femme se banalise, et devient même un atout : certaines femmes préfèrent être guidées par une femme. Martine note que les femmes guides ont une plus grande qualité d'écoute, une approche plus raisonnée du risque. Peu à peu émergent des groupes 100 % femmes guidés par des femmes et les hommes acceptent plus facilement cette inversion des rôles.
Pourtant, à l'école des guides, un parfum de testostérone subsiste encore. La vie de famille reste également compliquée pour les femmes guides qui cumulent souvent leur travail et la charge familiale des enfants. Martine témoigne encore : « C'est un métier qui est difficile à concilier avec une vie de famille. J'ai deux enfants et à certaines périodes, j'ai trouvé que c'était dur de tout gérer. Le travail de guide, ça se passe pendant les vacances, pendant les week-ends. Il fallait accepter de ne pas s'occuper des enfants à ces moments-là. J'ai fait des choix, en gardant des moments avec eux, mais c'est une décision qui reste plus difficile que pour un homme. »

Aujourd'hui, grâce à des sessions de formation organisées par les clubs alpins ou par des associations, devenir guide de haute montagne est rendu plus accessible à tous. Mais c'est une profession qui reste dangereuse : en 2022 et 2023, trois jeunes femmes guides sont mortes en montagne dans l'exercice de leur métier.

CHRISTINE, CONQUÉRANTE DE L'UTILE

L'alpinisme ne peut être réduit à une histoire de records et de premières. Pourquoi grimpe-t-on sur les montagnes ? Par plaisir, par défi ou pour le goût du danger ? Pour le dépassement de soi ou simplement pour se reconnecter à la nature ? Est-ce que tout simplement, comme l'affirmait Mallory, on grimpe les montagnes « parce qu'elles sont là » ?
L'expression « à chacun son Everest » représente une idée majeure de notre rapport à la montagne. Gravir aujourd'hui le Toit du monde à grand renfort de sherpas, de cordes fixes et d'oxygène (et accessoirement de dollars) a-t-il encore du sens ? N'existe-t-il pas des exploits moins prestigieux, moins glorieux mais tout aussi exceptionnels ? Lorsqu'une femme malade arrive aux alpages de Chailloux, après deux heures de marche, face au panorama du mont Blanc, qu'elle a trouvé le courage de se dépasser et de mobiliser sa force intérieure, son exploit n'est-il pas remarquable ? L'Everest polarise l'Histoire. Mais rares sont les alpinistes qui font de leur ascension une action d'intérêt général. On pense aux écoles, aux hôpitaux et aux orphelinats de Sir Edmund Hillary ou à des associations créées par des alpinistes comme Chantal Mauduit ou Nicole Niquille pour les enfants népalais.

Mais le projet de Christine Janin reste inspirant : permettre à des enfants ou des femmes en rémission de cancer de se reconstruire par un lien à la nature et des activités en montagne. Quel que soit l'objectif, la montagne reste avant tout un incroyable outil de cheminement personnel et de développement de l'estime de soi. Elle procure plaisir et fierté et doit sans doute contribuer également au parcours vers la guérison. Le passé de médecin de Christine lui a permis de nouer de précieuses relations avec le monde médical et pharmaceutique pour financer la création en 1994 de l'association *À chacun son Everest*. Cette organisation vise à accompagner les jeunes atteints de cancer ou de leucémie et les femmes en rémission dans leur parcours de guérison en utilisant la métaphore de l'ascension de l'Everest. Le centre créé par l'association offre un soutien psychologique et physique aux malades, les encourageant à surmonter les obstacles comme on gravit les sommets.

Au-delà de cette association, le parcours de Christine comme alpiniste est impressionnant. Elle est la première Française à avoir atteint le Toit du monde le 5 octobre 1990, et la première femme au monde à avoir rallié le pôle Nord sans moyen mécanique ni chiens de traîneau le 4 mai 1997. Elle est aussi la première Européenne à réussir les *Seven Summits*, ou l'ascension du plus haut sommet de chaque continent. Mais au-delà des distinctions, médailles et records, son plus bel exploit, c'est sans doute d'avoir su utiliser sa notoriété et son talent pour construire *À chacun son Everest*. Dans son livre *Dame de pics et femme de coeur*, Christine écrit : « Je poursuis avec acharnement ma descente de l'Everest. (...) Vingt-deux ans après, je suis toujours là et tout ce que je fais, encore et toujours, c'est pour tenter de redescendre de cet Everest ! »
L'engagement de Christine Janin rappelle l'importance de la résilience et de la solidarité face aux défis de la vie. Son héritage en tant que médecin, alpiniste et fondatrice d'une organisation caritative souligne la puissance de la détermination et de la compassion pour inspirer des changements significatifs dans le monde.

AVEC LES FEMMES COMME AVEC LES ENFANTS, L'ACTION DE CHRISTINE JANIN EST SYNONYME DE JOIE ET D'ESPOIR.
© GAETAN HAUGEARD (EN HAUT) © SÉBASTIEN CHAMPEAUX (EN BAS)

M
E
R
C
I

L'AFFAIRE LYDIA BRADEY, JALOUSIE AU SOMMET ?

En 1988, une jeune alpiniste redescend seule de l'Everest. Elle vient de réussir un véritable exploit ! Elle est la première femme à accomplir cette ascension sans oxygène artificiel et sans assistance. Elle a 27 ans et des dreadlocks. Elle aime la liberté et la musique, refuse les conventions et les dogmes, mais son appareil photo a gelé et elle n'a aucune preuve de son ascension… On l'accuse alors d'avoir menti et son exploit n'est pas homologué.

« La chose la plus difficile, c'est que tout le monde te dit que tu es une menteuse », racontera-t-elle dans une interview.

Trente ans plus tard, en 2019, Lydia est au sommet de l'Everest pour la sixième fois. Elle travaille comme guide dans une agence et ce jour-là, elle a accompagné une cliente au sommet, avec l'aide de deux sherpas. Cette dernière a gravi la montagne en dix jours seulement, sans acclimatation après une année d'entraînement physique et de séjours en caisson hyperbare, avec beaucoup de bouteilles d'oxygène et les services d'un opérateur haut de gamme. Une autre époque…

Lydia Bradey est née en Nouvelle-Zélande en 1961. Elle est élevée par une mère célibataire, institutrice, qui veut à tout prix que sa fille soit indépendante. Lydia est une enfant rebelle. Elle n'aime pas le sport et n'a pas confiance dans ses capacités physiques. Elle découvre les activités de plein air lors de camps de vacances. En pratiquant la randonnée, elle éprouve un sentiment nouveau. « Au fil des jours, je m'absorbe avec délice dans l'acte de marcher. J'aime les sensations que me renvoie mon corps sur un sentier caillouteux et abrupt. Je me concentre sur ma respiration, inspirant et expirant au rythme de mes pas. Je découvre une tension étrange et inconnue dans mes muscles et, petit à petit, je commence à ressentir quelque chose qui ressemble à de l'excitation et de la joie. J'ai enfin trouvé une activité où j'ai le potentiel de bien faire. »[1] Plus tard, lorsque l'instructeur du camp les félicite et leur dit que certains d'entre eux pourraient même devenir alpinistes, elle se met à rêver : « Je pourrais devenir alpiniste ? L'idée se fixe aussitôt dans mon esprit et je décide que c'est ce que je veux être. En devenant alpiniste, je pourrais me distinguer de toutes les autres personnes que je connais – les gamins de l'école. Ma mère sera fière de moi. »

À 19 ans, elle est déjà une grimpeuse de talent et réalise ses premières ascensions en Nouvelle-Zélande, puis elle parcourt la Californie et le Canada.

En 1987, elle gravit sans oxygène le Gasherbrum II en Himalaya, son premier 8000 en style alpin ! Elle est la première femme de son pays à réussir cet exploit et une des premières au monde. Elle impressionne par ses capacités physiques, sa résistance à l'altitude et son mental d'acier…

En 1988, à 27 ans, elle est invitée à participer à une expédition composée d'alpinistes néo-zélandais et slovaques. Ces derniers ont prévu de réaliser un itinéraire plus technique, tandis que Lydia et ses compatriotes visent la voie normale. Rob Hall, Gary Ball et Bill Atkinson ne s'entendent pas avec les Slovaques. Lydia, de son côté, apprécie leur compagnie et passe beaucoup de temps avec eux. Rob Hall demande à Lydia de prendre ses distances et fustige son manque d'esprit d'équipe.

La tempête les frappe alors qu'ils sont au camp 2. Rob, Bill et Gary veulent tenter le

1. *On ne m'a pas volé l'Everest*, Lydia Bradey, Guérin, 2020.

AU CAMP DE BASE DE L'EVEREST EN 1988, LYDIA, À DROITE, AVEC LES DEUX PREMIÈRES AMÉRICAINES A AVOIR GRAVI LE SOMMET, STACEY ALLISON ET PEGGY LUCE (ET UNE JOURNALISTE).

© COLL. LYDIA BRADEY

EVEREST

sommet malgré tout, tandis que Lydia préfère attendre un jour de plus au camp de base. En partant, Rob lui dit : « Si tu fais l'ascension, tu seras en solo, car on aura un jour d'avance. »
Ils renoncent à 7 800 mètres…
Lydia part à son tour, le lendemain. Elle est doublée par un groupe d'Espagnols qui avancent plus vite (ils sont équipés de bouteilles d'oxygène !). C'est leur témoignage qui permettra de réhabiliter Lydia longtemps après.
Elle sent qu'elle a l'énergie et la volonté pour réussir mais elle est seule, sans radio ; la partie la plus technique est à venir et il n'y a pas de corde fixe dans les passages difficiles.
La peur augmente au fur et à mesure de l'ascension. L'arrivée au sommet est un moment extraordinaire, l'aboutissement d'une expérience à la fois fascinante et terrifiante, dira-t-elle. Elle est soulagée car elle peut faire demi-tour et enfin commencer à redescendre !
De retour au camp de base, elle découvre que ses coéquipiers n'ont même pas daigné l'attendre et elle apprend, avec une grande tristesse, la mort de deux de ses amis slovaques…
Difficile de savourer sa victoire dans ces conditions et lorsqu'elle arrive à Katmandou, Rob Hall conteste son ascension. Pendant trois ans, Lydia sera celle qui a menti, qui a eu des hallucinations et a confondu le sommet sud avec le vrai sommet. À l'époque, elle n'a pas les moyens de répondre : « La seule chose que je pouvais faire, c'était de me taire, car je n'avais pas le pouvoir… »
Question de pouvoir, d'ego, de jalousie ?
Dans son livre *On ne m'a pas volé l'Everest*, Lydia écrit : « J'ai dormi dans la mauvaise tente avec la mauvaise personne, voilà ce qu'il s'est passé ; et ça a engendré des querelles de coqs… »
Elle évoque surtout la jalousie compétitive.
En devenant la première femme au monde sans oxygène ni assistance au sommet, elle volait aussi la lumière à ses compatriotes masculins : c'est à elle que revenait le titre de première ascension néo-zélandaise de l'Everest sans oxygène, hommes et femmes confondus.
Insupportable pour Rob Hall et Gary Ball…
Pourquoi les femmes vont-elles sur les plus hauts sommets ? Pour le plaisir et l'ego, comme les hommes ? Sans doute… Mais il y a souvent, dans les témoignages féminins, une dimension plus spirituelle et intime. La montagne permet de s'affirmer, de penser par soi-même, de se découvrir, de s'émanciper… C'est le chemin qu'a suivi Lydia.

REINHOLD MESSNER ET LYDIA BRADEY, PREMIERS ALPINISTES MASCULIN ET FÉMININ À AVOIR ATTEINT LE SOMMET DE L'EVEREST SANS OXYGÈNE, LE 29 MAI 2013, LORS DU CINQUANTENAIRE DE LA PREMIÈRE ASCENSION PAR HILLARY ET TENZING.

NEPAL
NEW ZEALAND
U.K.

VERS LES SOMMETS
1990 À AUJOURD'HUI

LES QUATORZE SOMMETS DE PLUS DE 8 000 MÈTRES GRAVIS EN STYLE ALPIN : UNE PAGE MAJEURE DE L'HISTOIRE DE L'ALPINISME ÉCRITE AVEC DISCRÉTION PAR GERLINDE KALTENBRUNNER (ICI AU BROAD PEAK).
© RALF DUJMOVITS

Les années précédentes avaient libéré un espace, mais le combat symbolique s'inscrit encore dans une dualité, voire un affrontement. Les femmes suivent le modèle masculin dans les réalisations avec l'idée d'être « la première » à faire cette ascension, ce voyage, cet enchaînement, cette trilogie, ce solo... Comme s'il n'existait qu'un seul chemin à l'accomplissement de soi, celui tracé par les hommes.

L'Himalaya focalise toujours l'attention des alpinistes en quête d'exploits. L'ascension de l'Everest en 1953 avait catalysé ce mouvement qui perdure jusqu'à aujourd'hui. « Être le plus haut ou la plus haute de la Terre » reste l'hubris absolu des humains pour dominer symboliquement le monde. Reinhold Messner avait fixé les règles du jeu de cette montagne qui n'est « ni juste, ni injuste, mais dangereuse ». Gravir un sommet reste une mise en danger de soi, une forme d'ordalie avec la mort. L'hédonisme qui grandit avec la société de consommation s'accorde paradoxalement avec cette idée. S'exposer... Peut-être. Mourir pour une montagne ? À quel prix et comment peut-on atteindre un sommet ? Et avec cette question de l'éthique des pratiques qui reste au creux du sujet : peut-on gravir une montagne avec force logistique ou *by fair means*, c'est-à-dire avec des moyens minimalistes ?

Cette période va connaître une double polarisation et une fracture : l'avènement d'un Himalaya commercial et l'explosion de l'escalade sportive qui avait débuté dans les années 1980 avec des icônes comme Patrick Edlinger, Catherine Destivelle ou Lynn Hill. L'escalade est plus sûre, moins dangereuse. La population des alpinistes, qui cumulait autrefois escalade des rochers et ascension des montagnes, va se scinder en deux. Une nouvelle population de grimpeurs, formés dans les salles d'escalade urbaines, va hésiter à s'exposer aux risques de l'alpinisme. Cette césure est profonde : deux cultures cohabitent, s'allient parfois, se rejettent souvent. Et pour parachever cette évolution inédite, l'émergence de pratiques comme le trail running, le base-jump, le vol libre, ouvre de nouvelles gammes à un alpinisme qui s'inspire de la polyvalence du *great outdoor*.

À la croisée de ces mouvements, les femmes écrivent leurs partitions et font preuve de créativité.

ENTRER DANS LA LÉGENDE : LYNN HILL FRANCHIT *THE GREAT ROOF* AU *NOSE*, YOSEMITE.

© HEINZ ZAK

L'OBSESSION DES QUATORZE 8000

Le sommet le plus haut du monde, l'Everest, a longtemps été un trophée pour les alpinistes. Reinhold Messner, une des plus grandes figures de l'histoire de l'alpinisme, réalise son ascension en solitaire et sans oxygène en 1978.
En 1986, il est le premier à gravir les quatorze sommets de plus de 8 000 mètres de la planète. Il révolutionne l'himalayisme en montrant qu'il est possible de gravir un 8000 avec une petite équipe et une logistique légère, en « style alpin », autrement dit sans oxygène, sans porteurs et sans cordes fixes. Cette forme d'alpinisme est sans doute la plus absolue : un engagement total, sans concessions.

En 2010, être la première femme à gravir les quatorze 8000 est la quête ultime. Cette année-là, quatre femmes se retrouvent, plus ou moins volontairement, en compétition et au centre d'une controverse médiatique : la Sud-Coréenne Oh Eun-sun, l'Autrichienne Gerlinde Kaltenbrunner, l'Espagnole Edurne Pasaban et l'Italienne Nives Meroi.

La première à revendiquer la victoire est la Coréenne. Concurrente surmotivée, très sponsorisée et médiatisée, elle bénéficie d'une logistique importante avec voyages en hélicoptère de camps de base en camps de base, préparation des voies par des équipes de sherpas, très présents aussi lors des ascensions et utilisation massive d'oxygène. Mais son record est invalidé car elle n'a pas pu fournir de preuve tangible de son arrivée au sommet du Kangchenjunga.

C'est donc l'Espagnole Edurne Pasaban qui remporte le trophée ! À 36 ans, le 17 mai 2010, elle boucle l'enchaînement des quatorze 8000 en arrivant au sommet du Shishapangma. Elle aussi a utilisé de l'oxygène, a bénéficié de l'aide d'alpinistes renommés, de sponsors et d'une couverture télévisée importante. Mais elle a toujours réalisé ses ascensions dans une grande transparence et son succès est incontestable. Même s'il semble aujourd'hui qu'elle n'ait pas exactement atteint tous les sommets géographiques[1]...

Les réalisations de l'Autrichienne Gerlinde Kaltenbrunner, deuxième dans la course aux 8000, méritent notre attention. Elle a gravi les plus hauts sommets de la planète avec peu de logistique, au sein de petites expéditions faiblement médiatisées et surtout, sans utilisation d'oxygène artificiel, ni recours à l'aide de porteurs. *By fair means*, selon l'expression anglaise, qu'on pourrait traduire « par des moyens honnêtes et équitables ». Cette alpiniste de grand talent, considérée comme l'une des meilleures, a su aussi arrêter la haute altitude et ne pas tomber dans la répétition. Lors d'une interview au salon ISPO[2] en 2018, elle dira au sujet de sa pratique : « Un alpiniste doit faire confiance à son intuition, sentir en permanence ce qu'il ressent sur la montagne. Ne faire qu'un avec la nature, ne pas vouloir forcer les choses et revenir à temps si nécessaire. Il ne sert à rien qu'un alpiniste atteigne le sommet mais ne survive pas à la descente. »

L'HIMALAYISTE ESPAGNOLE EDURNE PASABAN, PREMIÈRE À GRAVIR LES QUATORZE 8000 AVEC OXYGÈNE.
© EDURNE PASABAN

1. L'Himalayan database est une base de données sur les ascensions réalisées en Himalaya qui contient des informations de 1905 à nos jours et toutes les expéditions qui se sont déroulées au Népal depuis 1963. Une étude récente de mesure des sommets a précisé la distinction entre véritables sommets et antécimes.
2. Salon international du sport et des activités outdoor.

L'Italienne Nives Meroi fut, elle aussi, un temps dans la course puisqu'elle a été, en 2007 après sa réussite à l'Everest, la première à avoir vaincu dix des plus hauts sommets du monde. Mais c'est son renoncement à la course qui force le respect. Nous sommes en mai 2009, un couple italien se dirige vers le camp 3 du Kangchenjunga (8 586 m). Il s'agit de Nives et de son mari, Romano Benet, avec qui elle a déjà réalisé onze des quatorze ascensions, sans porteurs ni oxygène. Romano n'avance plus, il ne le sait pas encore mais il est déjà gravement malade. Ils font alors le choix de redescendre, ensemble. Après des années de maladie puis de convalescence, toujours ensemble et sans compromis, ils graviront leurs trois derniers sommets et, en 2017, Nives sera la deuxième femme à avoir grimpé les quatorze montagnes de plus de 8 000 mètres de la planète sans oxygène, sans porteurs, sans camps d'altitude et sans cordes fixes. Mais avec Romano…

Plus récemment, en octobre 2023, les Américaines Anna Gutu et Gina Marie Rzucidlo ont été emportées par deux avalanches successives sur les pentes du Shishapangma à quelques heures d'intervalle, avec leurs guides Mingmar Sherpa et Tenjen Sherpa. Les deux alpinistes étaient en concurrence pour devenir la première Américaine à gravir les quatorze 8000, et le Shishapangma était leur dernier objectif. Malgré les conditions dangereuses, les deux alpinistes, happées par le « champ d'attraction » du sommet, au coude à coude, étaient prêtes à tout pour arriver au bout de leur quête obsessionnelle.
Une issue tragique qui pose beaucoup de questions sur les nouvelles pratiques en Himalaya…

L'année 2023 est aussi celle d'un record féminin : la Norvégienne Kristin Harila réalise une prouesse aux côtés de Tenjin Sherpa, son guide népalais. Le duo a gravi les quatorze sommets de plus de 8 000 mètres en seulement 92 jours (soit trois mois et un jour…).
Un record, certes, mais pas *by fair means*…

EN HAUT
L'ALPINISTE SUD-CORÉENNE OH EUN-SUN, CONTROVERSÉE, POSE LORS D'UNE CONFÉRENCE DE PRESSE À SON ARRIVÉE À L'AÉROPORT DE SÉOUL (2010).
© JUNG YEON-JE/AFP

EN BAS
KRISTIN HARILA RÉUSSIT EN 2023 UN DÉFI INCROYABLE : GRAVIR LES QUATORZE SOMMETS EN QUELQUES SEMAINES (26 AVRIL 2023 AU SHISHAPANGMA).
© HANDOUT AFP

OH EUN SUN
Annapurna Expedition
BLACK YAK
KBS 한국방송

SpareBank 1

MOUNTAIN
1991
LoDGES
OF
NEPAL

PASANG, DÉESSE NÉPALAISE

« Je ne suis pas née alpiniste. Je suis femme au foyer mais j'essaie et j'espère que je vais réussir l'Everest. Je fais cela dans le but d'inspirer d'autres femmes. »
Née en 1961 dans une famille de sherpas et d'alpinistes, Pasang Lhamu Sherpa est la première Népalaise à arriver au sommet de l'Everest, le 22 avril 1993, lors de sa quatrième tentative.
Pourtant, malgré son talent et sa volonté, elle a dû surmonter de nombreuses barrières en tant que femme et en tant que Népalaise, dans un pays où l'alpinisme est une activité essentiellement masculine. Derrière les sourires et la gentillesse, la condition des femmes au Népal reste très compliquée et précaire.
Pasang Lhamu voit pourtant des alpinistes étrangères se lancer dans l'ascension des 8000 et elle sent que son destin est d'être la première citoyenne de son pays à gravir l'Everest. Son projet devient alors une ode à la liberté et à la cause des femmes. Mais, fait exceptionnel, elle est soutenue par deux hommes, son père et son mari, eux-mêmes guides. En revanche, lorsqu'elle organise son expédition en 1993, le gouvernement lui fait payer le permis d'ascension au prix fort, comme si elle n'était pas népalaise, car elle est une femme et une femme doit rester dans son foyer !
Il n'y a pas de photo qui témoigne de son exploit : après avoir atteint le sommet, le temps se dégrade rapidement, elle est très affaiblie et se retrouve piégée sur le flanc de la montagne, aux côtés de son compagnon, Sonam, épuisé, qui n'avance plus. Pasang Lhamu choisit de rester à ses côtés, espérant que des aides leur parviennent. Les trois autres sherpas descendent au plus vite pour déclencher les secours, mais la tempête et la nuit empêchent toute tentative... Tous deux meurent cette nuit du 22 avril. Le corps de Pasang est retrouvé dix-sept jours plus tard au sommet sud. Elle est encore assise contre son sac à dos mais de Sonam, il ne reste qu'une paire de gants. Son sac et son appareil photo ont disparu avec lui. La dépouille de Pasang est redescendue par les sherpas au camp de base.
Les autorités népalaises réalisent alors la portée de l'événement et envoient un hélicoptère pour la ramener, en héroïne, à Katmandou. Loin d'avoir simplement gravi l'Everest, Pasang Lhamu venait de donner un signal fort à toutes les Népalaises et au-delà... Elle brisait le plafond de verre qui faisait des femmes népalaises des seconds rôles dévoués à la cuisine, aux enfants et aux tâches ménagères.

Parmi les clichés connus de Pasang, il y en a un qui nous touche particulièrement : elle se tient au sommet du mont Blanc. On est en 1990 et elle est la première femme népalaise à l'atteindre. On peut imaginer que cette étape symbolique a sans doute contribué à construire la personnalité de cette femme de conviction, hors norme, qui avait fait de sa quête un défi personnel et politique.
Il faudra attendre l'année 2000 pour qu'une autre Népalaise, Lakpa Sherpa, gravisse et redescende du Toit du monde. Elle détient aujourd'hui le record d'ascensions féminines de l'Everest avec neuf réussites.

À GAUCHE
LE SOURIRE DE PASANG AVANT LE DÉPART (AVRIL 2016).
© PRAKASH MATHEMA/AFP

À DROITE
PASANG AU SOMMET DU MONT BLANC (1990).
© DR

Schöffel
Banner

GERLINDE, LA DISCRÈTE

Sept tentatives.
Il aura fallu beaucoup de ténacité et de courage à Gerlinde Kaltenbrunner pour arriver à bout du K2, deuxième sommet le plus élevé de la planète, et devenir ainsi la première femme à atteindre tous les sommets de plus de 8 000 mètres sans oxygène supplémentaire et sans l'aide de porteurs d'altitude.
Gerlinde Kaltenbrunner est une sportive d'exception. Discrète et courageuse, cette infirmière née en 1970 a gravi son premier 8000, le Broad Peak, à l'âge de 23 ans. C'est avec le pasteur de sa paroisse qu'elle fait ses premières randonnées, après la messe du dimanche, dans les montagnes qui entourent sa petite ville natale, Spital am Pyhrn, en Autriche.
Malgré les échecs et parfois l'envie de renoncer, malgré la réputation terrible du K2 et les épreuves traversées, Gerlinde ne lâche rien.
En 2007, 2009 et 2010, elle tente le sommet du K2 par la voie normale. En vain...
Cette montagne considérée comme très difficile (bien plus que l'Everest), a longtemps été associée à la « malédiction des femmes ».
En effet, les cinq premières à avoir atteint le sommet ont toutes succombé à un accident mortel dans l'Himalaya, dont trois lors de la descente (Liliane Barrard, Julie Tullis et Alison Hargreaves). Quant à Wanda Rutkiewicz et Chantal Mauduit, elles ont perdu la vie sur d'autres montagnes, peu de temps après avoir gravi le K2.

Pour sa septième tentative, Gerlinde choisit un nouvel itinéraire dans la face nord, du côté chinois. C'est la première fois qu'une expédition emprunte cette voie et le matériel est transporté par 35 chameaux. L'équipe, composée de trois Kazakhs, un Polonais et de Ralf Dujmovits, le mari allemand de Gerlinde, marche au rythme de la caravane jusqu'au premier camp à 3 450 mètres.

GERLINDE, TOUJOURS PRÊTE À AFFONTER LA VERTICALITÉ (K2).
© R.DUJMOVITS ET © SCHÖFFEL (PORTRAIT)

L'itinéraire retenu est inconnu et techniquement très engagé. Assez vite, Ralf décide de faire demi-tour. Il est fatigué et doute de sa motivation. Le couple discute et ils arrivent à la conclusion qu'ils ne sont pas obligés d'être ensemble : chacun son destin !
Les Kazakhs ne considèrent pas vraiment que Gerlinde fait partie de l'équipe, ils se vexent même lorsqu'elle refuse qu'ils portent son sac ! Entre le camp 2 et le camp 3, elle est pourtant devant pour faire la trace. C'est seulement au camp 3 qu'ils lui demandent son prénom...
La météo est instable. Il neige beaucoup et ils sont obligés de revenir plusieurs fois s'abriter au camp 4, à 7900 mètres d'altitude. La dernière nuit, ils bivouaquent à environ 8300 mètres, sur un petit balcon rocheux, en pleine « zone de la mort ».
Le 23 août 2011, à 1 heure du matin, les quatre alpinistes quittent le bivouac après une nuit d'un froid radical. Une demi-heure plus tard, ils doivent retourner à leurs tentes car ils ont les mains et les pieds qui gèlent.
À 7h30, au lever du soleil, l'équipe reprend l'ascension et fait la trace à tour de rôle dans une neige profonde, qui rend leur progression lente et difficile. Au prix d'un effort physique et mental important, ils viennent à bout d'un couloir très raide et entament l'arête finale qui conduit au sommet. Le vent s'est calmé, le ciel est complètement dégagé.
Gerlinde Kaltenbrunner est la première de l'équipe à atteindre le sommet, à 18h18, dans les lueurs du soir, et sa joie est intense. Au bout de huit jours en haute altitude et deux mois et demi d'expédition, elle a enfin accompli son objectif, seize ans après avoir gravi le Broad Peak.
« Pouvoir faire les derniers pas jusqu'au point culminant de cette montagne imposante et magnifique, ressentir le profond silence qui s'installe soudain en moi, avoir l'impression de ne faire qu'un avec tout, cela fait certainement partie de mes moments forts absolus et j'en suis très reconnaissante. »

Par la suite, Gerlinde Kaltenbrunner décide d'arrêter complètement l'alpinisme de très haute altitude : « Il n'y a que quatorze sommets de plus de 8000 mètres et j'ai déjà eu l'occasion de les gravir tous. Pour moi, le sujet est clos. Je ne veux pas me répéter. Je suis plutôt contente d'être revenue à chaque fois en bonne santé. Il y a aussi de belles montagnes de cinq, six et sept mille mètres, j'aimerais également les gravir. »[1]
Et elle ajoute : « La seule chose que je ferai dans une prochaine vie, c'est commencer la méditation et le yoga dès mon plus jeune âge. »

1. Interview à Ispo.com, mai 2024.

L'EXPÉRIENCE ULTIME DE LA HAUTE ALTITUDE EN STYLE ALPIN, AU SHISHA PANGMA (EN HAUT) ET AU K2 (EN BAS).
© R.DUJMOVITS

Schöffel

PARMIGIANO
REGGIANO

NIVES, LA MONTAGNE PAR AMOUR

« Le bonheur n'est pas au sommet de la montagne mais dans la façon de la gravir. » Confucius

C'est une histoire de cheminements, d'aventures, de renoncements et d'amour et c'est elle qui en parle le mieux : « Depuis toujours, nous aimons grimper pour aller à la rencontre du ciel, du vent, des rochers et de la neige. Quelques certitudes nous suffisent : le lien avec la terre, celui avec la vie et les gens, et la peur de la mort. Tout est là. »[1]
C'est l'histoire de Nives Meroi, alpiniste italienne née en 1961, dans la province de Bergame en Lombardie, et de son mari et compagnon de cordée Romano Benet.
Ensemble, ils ont décidé de gravir les plus hauts sommets de la planète sans oxygène supplémentaire, sans porteurs de haute altitude et sans cordes fixes. Ils font les marches d'approche à pied et redescendent tous leurs déchets.
Une question d'éthique, un alpinisme sans compromis. Une question d'amour aussi.
« Notre amour est la force qui me recharge par simple contact, qui me pousse encore quand je n'ai plus de souffle, parce que je sais qu'il est avec moi là-haut, et alors je continue. Notre amour est mon combustible, une énergie douce. Si je parviens à achever le tour des quatorze 8000, ce sera grâce à cet amour, (...) avec la certitude que sans lui, la volonté me manquerait, plus que la force. »[2]

Lorsque Nives Meroi gravit une montagne, elle fait corps avec elle. À l'approche du sommet, elle ressent un état de grâce et une profonde gratitude. La montagne fait tout simplement partie de sa vie et elle ne se considère pas comme une héroïne.

En 2007, en arrivant au sommet de l'Everest, elle est la première femme à avoir gravi dix sommets de plus de 8 000 mètres. Et elle se retrouve, malgré elle, dans une compétition médiatique pour être la première alpiniste à conquérir les quatorze plus hautes montagnes de la planète.
Cette quête arrive à son paroxysme en 2009. Cette année-là, elles sont quatre à vouloir imprimer leur nom dans l'histoire : la Coréenne Oh Eun-sun, l'Espagnole Edurne Pasaban, l'Autrichienne Gerlinde Kaltenbrunner et l'Italienne Nives Meroi.[3]
Le 17 mai, elle est avec Romano sur le Kangchenjunga, leur douzième 8000. La veille, ils sont restés bloqués dans leur tente tant le vent était fort. Ce jour-là, le vent est tombé et ils commencent à monter. Mais Romano ne se sent pas bien, il est très lent, s'arrête souvent et décide d'attendre Nives au dernier bivouac en insistant pour qu'elle continue : elle est si près du but... Nives ne veut rien savoir, le sommet est certainement à sa portée, mais il n'est pas question pour elle de parvenir sans son partenaire à la cime du 8000.
« Nous redescendons ensemble. Maintenant. Je ne te ferai pas attendre ici. »
De retour en Italie, Romano apprend qu'il est atteint d'aplasie médullaire osseuse(4), une maladie rare et très grave.
Commence alors leur « quinzième 8000 », trois années de lutte contre la maladie avec de longues périodes d'hospitalisation. Nives laisse échapper l'occasion d'être la première femme à

1. *Je ne te ferai pas attendre*, Nives Meroi, éditions du Mont-Blanc, 2018.
2. *Sur la trace de Nives*, Erri de Luca, Gallimard, 2006.

3. Voir chapitre « L'obsession des 14 8000 ».

NIVES ET ROMANO : LA FORCE DE LA CORDÉE.

parvenir à la cime de tous les 8000. Plus tard, elle reprendra son parcours d'alpiniste, avec la même humilité, la même passion et toujours en pratiquant un alpinisme discret et respectueux. « Quand j'arrive au sommet d'une montagne, mon regard n'est jamais celui de la conquête, c'est un regard qui embrasse. Je ne le vois pas comme un défi à la nature, mais comme une recherche d'harmonie en moi-même au sein de l'environnement. C'est une forme d'appartenance. (...) Là-haut, je suis Nives la pierre, Nives la neige... Je suis une alpiniste, mais avec une apostrophe et cette apostrophe est mon drapeau de femme que j'agite là-haut. (...) Pour les hommes, un sommet, c'est un souhait exaucé ; pour moi, c'est le point de connexion avec tout ce qui est féminin dans la nature. » En italien, un alpiniste s'écrit *« un alpinista »* et une alpiniste *« un'alpinista »*. Une petite apostrophe de différence... et le « a » féminin pour les deux !

En 2016, ils atteignent le sommet du Makalu et en mai 2017, exactement un an plus tard, ils sont en haut de l'Annapurna, terminant leur parcours et devenant la première cordée à avoir gravi ensemble tous les 8000.
« Nous sommes liés non pas par une corde mais par une cordée, qui est longue et élastique. Nous partageons le même trajet en montée, nous échangeons nos pensées, nos silences. Nous avons en commun la passion de la montagne et des personnes modestes des vallées. Quand l'un est en avance, il patiente pour que l'autre le rejoigne. Nous nous comprenons d'un regard. Ce sont les secrets qui nous ont permis d'escalader les quatorze 8000 de la planète en couple. Ces mêmes secrets fonctionnent aussi dans la relation à deux à basse altitude[1]. »

Nives nous a exprimé qu'à 8 000 mètres comme dans la vie quotidienne, au-delà de la patience, de l'économie des gestes et de la pensée, c'est la qualité de la relation, une « alliance » dit-elle, qui est la formule la plus forte et la plus fructueuse dans la nature.

---

1. Interview au *Corriere della Sera*, 12 avril 2019.
(4) Maladie caractérisée par une destruction des globules blancs, rouges et des plaquettes dans la moelle des patients par leur propre système immunitaire.

« NOTRE AMOUR EST LA FORCE QUI ME RECHARGE PAR SIMPLE CONTACT, QUI ME POUSSE ENCORE QUAND JE N'AI PLUS DE SOUFFLE, PARCE QUE JE SAIS QU'IL EST AVEC MOI LÀ-HAUT. »

© COLL. NIVES MEROI

ÊTRE MÈRE ET ALPINISTE

L'alpinisme a toujours été une activité fortement masculinisée, véhiculant des représentations viriles, laissant peu d'espace au sujet de la maternité et à la paternité, qui restent des tabous. Au fil du temps, la perception de l'alpinisme féminin a évolué d'une pratique jugée inconcevable, voire choquante et contraire aux bonnes mœurs, vers un jugement « d'irresponsabilité », surtout si l'alpiniste en question est mère de famille. Cette position sur la prise de risque et la maternité reste encore largement véhiculée par les médias qui n'accordent pas le même traitement aux pères. Comme les mères, ils ont des enfants à charge, mais lorsqu'il s'agit de rendre hommage à un alpiniste décédé, il est très rarement question de sa paternité et de sa responsabilité à l'égard de ses enfants. « Il vivait sa passion », « il est mort heureux », « il a vécu son rêve » sont les commentaires que l'on peut lire pour un homme tombé dans une crevasse ou emporté par une avalanche, tandis qu'une femme qui meurt en montagne est jugée plus sévèrement, et le nombre de ses enfants est souvent mentionné, comme une preuve de culpabilité supplémentaire.

L'exemple de la mort de la Britannique Alison Hargreaves au K2 en 1995 en est la parfaite illustration. Son accident plonge le monde de la montagne dans une vive polémique : on reproche alors à cette mère de deux jeunes enfants sa pratique égoïste de l'alpinisme. Déjà, en 1988, elle avait été vivement critiquée après avoir réussi l'ascension de la face nord de l'Eiger, alors qu'elle était enceinte de six mois de son fils Tom. À l'époque, elle avait répondu à ces accusations par une phrase laconique : « J'étais enceinte, pas malade. »

Avant tout, le parcours d'alpiniste d'Alison mérite l'admiration.

En 1993, elle gravit en solitaire les six grandes faces nord des Alpes (Eiger, Petit Dru, Cervin, Cima Grande, Grandes Jorasses et piz Badile) en une seule saison.

Les médias affirment souvent qu'elle est la première femme à avoir fait l'ascension de l'Everest sans assistance et sans oxygène, le 13 mai 1995. Pourtant, quelques années auparavant, en 1988, Lydia Bradey aurait réalisé cette première. Mais à l'époque et pendant de nombreuses années, son exploit est mis en doute car elle n'a pas de preuve...

Alison veut ensuite s'attaquer aux trois plus hautes montagnes de la planète, toujours sans oxygène et sans assistance. Après l'Everest et avant le Kangchenjunga, elle part au K2.

Le 13 août de la même année, elle atteint le sommet un peu avant 19 heures avec cinq autres alpinistes. Pris tous les six dans une violente tempête à la descente, aucun ne reviendra vivant. Alison avait 33 ans. Elle était la seule femme du groupe et sans doute pas la seule à avoir des enfants.

L'emballement médiatique qui a suivi sa mort a été ravageur : on a critiqué ses choix, son engagement, son égoïsme de laisser derrière elle deux jeunes enfants en se mettant en danger. Les pères qui sont morts sur la montagne à ses côtés, ce jour-là, n'ont été en aucune façon l'objet d'une telle violence.

Peut-être que la parité en montagne devrait commencer par un traitement plus équitable de l'information dans les médias, en particulier dans les chroniques nécrologiques : « Père de x enfants... »

Au-delà de ce déséquilibre de traitement entre hommes et femmes, le thème de la maternité

EN HAUT
ASCENSION DU KANGTEGA (NÉPAL). ALISON HARGREAVES ET JEFF LOWE EN DIRECTION DU DERNIER CAMP (MAI 1986).
© TOM FROST

EN BAS
ALISON HARGREAVES AVEC SON FILS TOM BALLARD (BLACK ROCKS, ROYAUME-UNI).
© PHIL O'BRIEN, PA IMAGES/ALAMY/HEMIS

et de la prise de risque reste un sujet délicat. Un choix difficile, surtout lorsque l'on pratique un alpinisme de haut niveau en expédition : peut-on être mère ou père lorsque l'on exerce une activité aussi dangereuse qui éloigne si longtemps du foyer ?
Nives Meroi aborde ce sujet[1] sans tabou : « Il est tard pour les enfants. (...) Je ne sais pas s'il y a eu un temps où il était trop tôt pour faire des enfants, je sais que soudain il a été trop tard. Des fermetures éclair se ferment dans un corps de femme. »
Dans son livre *Dame de pics et femme de coeur*, Christine Janin écrit : « Quant à mon incommensurable besoin de liberté, il était incompatible avec l'exigence d'être mère à mon tour. Tout choix implique des sacrifices. J'ai fait celui de renoncer à la maternité. » Elle ajoute : « Je devais être à la hauteur de mon renoncement. J'ai entrepris le plus grand des voyages pour être la première femme à faire ce tour du monde des plus hauts sommets. De nombreuses femmes alpinistes ont fait le choix de ne pas avoir d'enfant, ou un seul... »

Avec beaucoup de franchise, Lydia Bradey[2] aborde les questions de contraception ou de maternité : « L'alpinisme semble assez dur pour qu'on n'y ajoute pas des problèmes liés à des règles abondantes, qui peuvent faire s'évanouir de douleur et provoquer des infections. » Elle évoque la stérilisation avec la plupart des médecins de ses expéditions, qui lui répondent à chaque fois qu'elle est encore jeune, qu'il y a d'autres options. Lors d'une expédition en Inde, alors qu'elle est en forme et bien préparée, elle n'arrive pas à s'acclimater, s'évanouit et doit renoncer à l'ascension du White Sail (6 420 m). En fait, elle est enceinte et, à son retour à Delhi, elle décide d'avorter. Une semaine plus tard, elle prend une décision radicale : à 26 ans, Lydia se fait stériliser. Elle écrit ensuite à sa mère : « L'opération de stérilisation a eu lieu hier. Je suis absolument heureuse – une joie incrédule, comme si quelqu'un venait de me dire « allons grimper l'Everest », et qu'on a plié ça en deux semaines, sans un sou, après des années d'expéditions manquées, d'argent dépensé et de souffrances. »
Plus récemment, de nombreuses femmes ont témoigné sur le sujet de la maternité, certaines reconnaissant avoir congelé des ovocytes pour une grossesse future..
L'une des meilleures alpinistes du monde, Ines Papert, estime qu'elle a besoin de l'équilibre entre l'alpinisme et la maternité : « Cela m'apporte le confort, la liberté et la puissance dont j'ai besoin dans ma vie. » *A contrario* et avec une sincérité touchante, Hilaree Nelson, une skieuse-alpiniste basée dans le Colorado, admet que de tous les exploits incroyables qu'elle a tentés, trouver l'équilibre entre la pratique de la montagne et la maternité, « aux antipodes l'un de l'autre », est le plus difficile. « La culpabilité que l'on s'impose est insensée », déclare-t-elle. Tout en ajoutant : « Le temps que je prends pour moi à la montagne fait de moi une meilleure maman. L'escalade m'apaise, m'aide à me concentrer et me donne juste un grand élan qui me fait me sentir très vivante. »[3] Chacune a son avis. Difficile de faire des généralités. L'alpiniste américaine Ellen Miller, l'une des quatre seules femmes à avoir gravi l'Everest par les deux versants, témoigne également : « Pour moi personnellement, et pour beaucoup de femmes, soit vous voulez grimper, soit fonder une famille. Je ne pense pas que ce soit possible de très bien faire les deux. »

1. *Sur la trace de Nives*, Erri de Luca, Gallimard, 2006.
2. *On ne m'a pas volé l'Everest*, Lydia Bradey, Guérin, 2020.
3. Hilaree est malheureusement décédée le 26 septembre 2022, peu de temps après avoir entamé sa descente à skis du Manaslu (8 163 m), en déclenchant accidentellement une petite avalanche qui l'a emportée sur son passage.

INES PAPERT AVEC SON FILS LORS DES CHAMPIONNATS DU MONDE D'ESCALADE SUR GLACE (2002, PITZTAL).

Black Diamond
BAD DÜBEN
PROFIROLL

CHANTAL, LA MUSE DU POÈTE

Sous l'œil de la caméra au sommet du Manaslu à 8 163 mètres d'altitude, le 24 mai 1996, Chantal récite trois vers du poète André Velter : « L'espace est un bandit d'honneur, c'est à lui que tu penses quand tu suis le galop de ton cœur. » Une manière à elle de célébrer le sommet. Ces vers éphémères, jetés en pointillés dans l'air rare de la haute altitude, vont déclencher une fulgurance : a-t-elle conscience à ce moment-là que ces mots vont foudroyer le cœur du poète ? À la découverte de cette connivence quelques années plus tard, leur amour sera immédiat et va bouleverser leurs existences. André Velter a trouvé sa muse.

Des Alpes à l'Himalaya, Chantal Mauduit a mené une vie intense. À 10 ans, elle écrivait déjà dans son journal intime : « J'aimerais faire de l'alpinisme, malgré les dangers qui nous épient, malgré les séracs, les corniches, les avalanches. » Son projet sera de vivre intensément la montagne avec une forme de spiritualité qui grandira progressivement au contact du peuple népalais et lors de sa rencontre avec le dalaï-lama.

Née à Paris en 1964, elle découvre l'alpinisme à 15 ans à Chambéry et très rapidement, elle est repérée pour son talent. Avec Pierre Neyret, camarade de lycée et premier amour, ils vont réaliser ensemble des ascensions très difficiles à la face nord des Grandes Jorasses, aux Drus, au Cervin… Cette période signe un choix de vie qui ne les quittera plus : « On s'aimait, on était deux âmes romantiques éprises de pureté et de liberté », raconte Pierre. « On vivait simplement un bonheur entier qui faisait disparaître les questions. La montagne était à nous. Ses grands espaces, sa merveilleuse beauté, ses réservoirs d'aventure, tout était à nous ! On avait tout : le grand amour et une terre sauvage pour le partager. »

Attirée par l'exploration, Chantal part en expédition dans les Andes et démontre des qualités mentales, un détachement, une absence de peur qui étonnent. Moderne dans sa démarche, elle utilise le parapente pour redescendre des sommets, notamment au Huascarán, culminant à 6 768 mètres. Ses

exploits continuent d'être remarqués par la communauté et l'Himalaya va devenir son horizon : elle passera la moitié de sa vie dans ce pays qui la bouleverse. Peu à peu, elle s'éloigne de Pierre. Dès 1992, elle défraie la chronique et réussit sans oxygène le K2, deuxième sommet de la Terre et considéré comme le plus difficile, malgré un bivouac imprévu à 8 400 mètres. Frappée d'ophtalmie et presque aveugle, elle ne doit son salut qu'à l'aide des guides américains Scott Fischer et Ed Viesturs. Elle est la deuxième femme à redescendre vivante du sommet, après Wanda Rutkiewicz. Dans *J'habite au paradis*, le livre qu'elle publie en 1997, cette expérience transparaît à peine,

CHANTAL, ALPINISTE SOLAIRE ET MUSE DU POÈTE ANDRÉ VELTER.

s'effaçant devant une belle histoire d'amitié avec des alpinistes catalans qui l'avaient soutenue le jour du sommet. Cette manière de sublimer l'expérience douloureuse de la montagne est la signature de sa vie.

Alors, quelle trace laisse-t-elle aujourd'hui ? Un sourire rayonnant, saluant à la népalaise d'un *namasté*, ou quelques vers lancés du sommet des montagnes ? L'Himalaya n'est pour elle que grâce et légèreté, et la haute altitude, « une expérience sensorielle, où tout est exacerbé ». Elle lisait Rimbaud et parlait le népalais, riait souvent d'être là où ses pas de nomade la menaient. Passionnée de mots, elle aimait décorer sa tente de poèmes[1].
Lors de son ascension du Lhotse (8 516 m) le 10 mai 1996 (première féminine qu'elle effectue en solo), elle assiste à distance à la mort de huit alpinistes sur l'Everest qui lui fait face, de l'autre côté du col Sud. Cette catastrophe donne lieu à un livre célèbre, *Tragédie à l'Everest* de Jon Krakauer, qui comporte son témoignage. Dix jours plus tard, elle atteint de nouveau un sommet de plus de 8 000 mètres, le Manaslu (8 163 m), et récite les vers d'André : « L'espace est un bandit d'honneur. » Rien ne semble l'arrêter. En 1997, elle gravira encore le Gasherbrum II à 8 035 mètres, son sixième sommet. Elle est alors la seule femme en tête dans cette course aux quatorze 8000 sans oxygène. Mais la montagne en décide autrement. En mai 1998, à 34 ans, elle est ensevelie par une avalanche avec Ang Tsering, son ami sherpa, sur les pentes du Dhaulagiri. C'était son septième 8000 qu'elle rêvait d'atteindre après le K2, le Cho Oyu, le Shishapangma, le Lhotse, le Manaslu et le Gasherbrum II.
La mort de Chantal Mauduit est une douleur absolue pour André Velter, son amant céleste, avec qui elle ne cesse d'échanger. Sa rencontre avec Chantal a bouleversé sa vie dans la fulgurance de leur amour. Ses poèmes s'inscrivent dans une trilogie puissante et constituent une suite poétique dans laquelle André Velter nous invite à considérer l'alpinisme avec un autre regard. Il écrit trois livres inspirés par Chantal, *Une autre altitude*, *Septième sommet* et *Amour extrême*, ainsi qu'un poème en son honneur :
« Là-haut, tu es. Là-haut, quoi qu'il advienne,
femme soleil d'un miracle à jamais
que rien ne sépare de la pure lumière
ni du souffle ascendant de notre amour promis

à une autre altitude. Tu es là, hors d'atteinte,
hors du monde où meurent les âmes et les corps.
Tu danses sur l'horizon que je porte en moi
pour abolir l'espace et le temps. Tu vis à
l'infini. »

L'amour extrême, poème pour Chantal Mauduit, Gallimard, 2000

1. *Chantal Mauduit, elle grimpait sur les nuages*, biographie d'Alexandre Duyck, Paulsen, 2016.

EN HAUT
LA POÉSIE A SA PLACE PARTOUT, Y COMPRIS SUR LA TOILE D'UNE TENTE AU CŒUR DE L'HIMALAYA (VIS LUMINEUX CRÉE UN POÈME ET VA ! ACCROIS L'ESPACE DE LA TERRE. ADONIS, POÈTE LIBANAIS.)
© COLL. CHANTAL MAUDUIT

EN BAS
L'ASSOCIATION CHANTAL MAUDUIT A ÉTÉ CRÉÉE EN 1998 APRÈS LA MORT DE CHANTAL.
© COLL. CHANTAL MAUDUIT

VIS LUMINEUX
CRÉE UN POÈME
ET VA
Vango

WATCHES

CATHERINE : « J'AI FAIT TROIS, QUATRE TRUCS MARQUANTS... »

Lorsque Catherine parle du Piolet d'or carrière[1] qu'elle est la première femme à recevoir en 2020, elle se questionne : « Est-ce que je le mérite vraiment ? Ai-je ma place parmi les grands alpinistes ? » D'ailleurs, elle ajoute : « Je ne leur arrive pas à la cheville ! » Pourtant, à la fin de l'interview, elle concède avec un sourire : « J'ai fait trois, quatre trucs marquants... »

Pour le profane, Catherine Destivelle est l'alpiniste française la plus connue, y compris à l'étranger, hommes et femmes confondus. Cette notoriété n'est ni le fait du hasard, ni liée à un succès éphémère. Son parcours de vie est extraordinaire.
Dans les années 1980, lorsque les Français découvrent l'escalade et le solo en particulier (qui consiste à grimper sans corde ni assurage, c'est-à-dire sans aucune sécurité), un renouveau profond bouscule la communauté montagnarde et impressionne le public.
Porté par le film documentaire *La Vie au bout des doigts* de Jean-Paul Janssen avec le lumineux Patrick Edlinger, ce mouvement est synonyme d'art de vivre, de liberté, de retour à la nature et d'épanouissement personnel. Bientôt, la compétition, et aujourd'hui les Jeux olympiques, viennent consacrer l'émergence d'un nouveau sport : l'escalade.

Dotée de capacités physiques et d'un mental d'exception, Catherine Destivelle va incarner cette révolution de l'escalade et plus encore. Née en 1960 à Oran, elle passe son enfance à Paris au sein d'une famille unie avec des parents engagés socialement qui l'encouragent dans ses projets. Inscrite dès l'âge de 12 ans au club alpin, elle commence à grimper sur les blocs de Fontainebleau puis, pendant ses vacances d'été, sur ses premières falaises ou dans les Alpes. Elle découvre très jeune l'alpinisme et réalise la *Directe Américaine* aux Drus à 17 ans, ainsi que des ascensions en face nord de l'Ailefroide et à l'Olan. Un début prometteur.

Sa découverte des gorges du Verdon va amplifier cet amour inconditionnel pour la grimpe. Ses performances sont vite impressionnantes : elle réalise des voies extrêmes à Buoux et entre dans la cour des meilleurs avec des répétitions d'itinéraires de 8a et plus, une cotation extrême pour l'époque. Elle est la première femme à réussir des difficultés de ce niveau. Ces succès ne sont pas sans ambiguïté et elle est tiraillée entre son goût pour la liberté et le début des compétitions d'escalade avec leurs règles et leurs contraintes.

Lorsque se tient la première compétition d'escalade internationale à Bardonecchia en Italie, Catherine termine sur la plus haute marche du podium, devenant ainsi la première championne du monde d'escalade. Médiatisée, elle signe de nombreux contrats avec des sponsors et devient une des premières professionnelles de la discipline. On voit alors Catherine grimper en débardeur dos nu, à la demande de ses sponsors, alors qu'elle préfère porter un survet et un tee-shirt...
Car les années 1980 sont aussi celles de la médiatisation et des images choc.
Catherine veut prouver qu'elle n'est pas seulement une grande grimpeuse, mais aussi une alpiniste chevronnée. Après ses exploits

1. Les Piolets d'or ont pour objectif de célébrer l'alpinisme de haut niveau sur le plan technique, mais aussi celui de l'esprit. Ils réunissent les acteurs des plus remarquables ascensions de l'année précédente, réalisées sur les montagnes du monde.

L'IMPRESSIONNANT SOLO DE CATHERINE AUX DRUS (1991).
© SYLVIE CHAPPAZ

en compétition d'escalade, elle revient à ses premières amours : l'alpinisme. Elle réalise, dans les années 1990, des premières solitaires féminines de grande envergure comme la voie *Bonatti* aux Drus en quatre heures alors que Walter Bonatti avait mis six jours pour ouvrir son mythique pilier (effondré depuis sous l'effet du réchauffement climatique).
Mais elle sait que ce n'est que la répétition d'une voie connue et elle décide alors d'ouvrir sa propre voie aux Drus. Elle repère un itinéraire dans la face ouest, au milieu d'un mur compact encore inexploré. Ce sera « sa » voie sur ce beau morceau de granit emblématique de la vallée de Chamonix. Commence alors un long voyage solitaire de onze jours sur la paroi. « Seule au-dessus du vide », titrent les médias qui suivent l'ascension et prennent des photos depuis un hélicoptère.
On se souvient avec frissons et émotion d'un petit point jaune au milieu d'une immense face de 1 000 mètres de granit, qui progresse lentement alors que la météo se dégrade. Elle avance avec prudence en s'assurant sur de petits pitons mais la fissure se rétrécit inexorablement… Et puis c'est la chute ! Les pitons se décrochent un à un. Elle ne doit sa survie qu'au septième piton qui tient le coup et la retient *in extremis*.
Le 4 juillet 1991, éprouvée et soulagée, elle atteint enfin le sommet.

En 1992, fuyant le battage médiatique, Catherine Destivelle part se ressourcer en Utah, pour retrouver le plaisir de la grimpe sur la mythique Devil's Tower, grande tour basaltique au milieu des plaines indiennes de l'Ouest américain du Wyoming. Le réalisateur, Pierre-Antoine Hiroz, la filme dans une escalade spectaculaire. On la voit remonter les cheminées verticales en technique d'auto-assurage. À un moment donné, la corde se bloque dans le système d'assurage, empêchant la progression. Catherine décide alors de défaire d'une seule main le nœud de la corde sur son baudrier, puis elle lâche la corde qui dégringole vers le bas : elle n'a plus de sécurité et continue l'escalade en solo intégral !

Elle est encore à ce jour la seule femme à avoir vaincu en solitaire et en hiver les faces nord des Grandes Jorasses, du Cervin et de l'Eiger. Avec ce dernier, elle entre un peu plus encore dans la légende de l'alpinisme. Partie à 5 heures du matin le 9 mars 1992, sans reconnaissance préalable, elle grimpe pendant dix-sept heures dans un froid mordant, enchaînant les passages difficiles sans protection, « à vue » et en solo ! Lorsqu'elle arrive au sommet, elle retrouve son compagnon Jeff Lowe qui émerge de son sac de couchage : « Catherine ! Tu l'as fait ! » Dans sa vie d'alpiniste, elle sera encordée avec de belles figures comme Lothar Mauch qui avait participé aux secours des Drus en 1966 avec Gary Hemming. En compagnie d'Érik Decamp, guide et alpiniste de référence, elle partagera des années de vie en couple et ils auront ensemble un enfant.

À ce jour, Catherine reste une personnalité admirée et respectée dans le monde de l'alpinisme et au-delà. Elle est la première femme à recevoir un Piolet d'or pour sa carrière et continue de transmettre sa passion à travers sa maison d'édition[1]. Une autre voie, passionnante et presque aussi difficile parfois !

1. Les éditions du Mont-Blanc.

OPÉRA VERTICAL.

FORGE & FOUNDRY

L'ESPRIT DU YOSEMITE AVEC LYNN : *FIRST-EVER MAN OR WOMAN*

Le Yosemite… Cette vallée de légendes[1] découverte par John Muir en 1867 est un haut lieu pour l'escalade. Très vite, les femmes inscrivent leur marque, comme la pionnière Marjory Bridge Farquhar du Sierra Club qui gravit Cathedral Spire en 1934. Dans son sillage, de nombreuses femmes viennent s'exprimer, notamment après-guerre, et on remarque dans les années 1960 la grimpeuse Bea Vogel, membre du Stanford Alpine Club, qui forge elle-même ses pitons avant de s'engager avec Warren Harding dans les voies les plus difficiles de l'époque. Formée dans les stages de l'Outward Bound school, elle est encouragée par ses camarades à essayer. *« Try this, try that »*, entend-elle avec l'esprit d'encouragement très marqué dans cette communauté californienne. De génération en génération, l'audace se transmet jusqu'à cette extraordinaire ascension d'El Cap par Sibylle Hechtel en cordée féminine avec Beverly Johnson en 1973. Sept jours d'escalade pour venir à bout de la *Triple Direct*, une audace qu'elle résume par cette phrase célèbre : *« We can't retreat under any conditions[2]. »*

1. *Valley of giants, stories from women at the heart of Yosemite climbing*, edited by Lauren DeLaunay Miller, 2022.
2. « Nous ne pouvons faire demi-tour sous aucune condition. »

EN HAUT, À GAUCHE
BEA VOGEL FORGE ELLE-MÊME SES PITONS AVANT SES ASCENSIONS DANS LE YOSEMITE.
© DR

EN HAUT, À DROITE
LES SURPLOMBS NE L'IMPRESSIONNENT PAS.
© DR

EN BAS
SIBYLLE HETCHEL (À GAUCHE) ET BEVERLY JOHNSON (À DROITE) RÉUSSISSENT LA 1RE FÉMININE DE LA *TRIPLE DIRECT*, EL CAP, YOSEMITE (1973).
© COLL. SYBILLE HETCHEL

Le titre de son article « Walls without balls[3] » est censuré pour sa vulgarité par l'*American Alpine Journal*. Mais il est bien dans l'esprit de provocation et renvoie à une autre formule prononcée quelques décennies plus tard par Lynn Hill après avoir libéré le *Nose* : *« It goes boys ! »* (Ça passe les gars !) Le Yosemite reste dans cet esprit rebelle et rock'n'roll des sixties souligné par le film *Valley uprising*. Femmes et hommes se défient, se provoquent et partagent finalement l'essentiel : audace, talent et esprit d'aventure.

Cinquième d'une fratrie de sept, Lynn Hill grandit en « garçon manqué », dit-elle, dans la banlieue de Los Angeles, entre un père ingénieur aérospatial et une mère assistante dentaire. Avant de devenir une des meilleures grimpeuses du monde, elle escalade sur les arbres et les lampadaires de son quartier et pratique la gymnastique à haut niveau : « La gym m'a permis d'apprendre à résoudre des problèmes que pose aussi l'escalade, à découper les enchaînements en séquence et à trouver le bon rythme d'exécution. »

Initiée à l'escalade par ses frères et sœurs aînés, elle se révèle extrêmement douée. Elle se lie aussi d'amitié avec Maria Cranor[4] en 1985 à Joshua Tree. Maria est déjà reconnue pour ses talents de grimpeuse, car elle a libéré une longueur en dalle en 5.11 (6b+), *Valhalla*, à Tahquitz, escalade considérée alors comme un exploit. Entre les deux femmes, la complicité est immédiate et Lynn reçoit les encouragements de son amie. Elle a 16 ans, découvre le Yosemite et son célèbre Camp 4,

3. « Des parois sans avoir des couilles ».
4. Elle va diriger la société Black Diamond pendant des années.

ce terrain de camping mythique qui sert de camp de base aux grimpeurs. En instance de divorce, ses parents la laissent libre de mener sa vie comme elle l'entend. La jeune fille de 1 m 57 se fond rapidement dans la communauté existante des *stone masters*. Elle adopte le mode de vie marginal de l'époque et y rencontre ses premiers compagnons de cordée. Elle est particulièrement influencée par les valeurs d'engagement et de respect du caractère naturel du rocher. Le Camp 4 est entouré de tous les *big walls* célèbres du Yosemite, ces grandes faces granitiques, qui ont fait entrer dans la légende des grimpeurs comme Warren Harding, Royal Robbins, Jim Bridwell, ou plus récemment, Alex Honnold et Tommy Caldwell.

Sur la mythique paroi d'El Capitan, les cadors de l'escalade sont en compétition pour réussir la première en libre du *Nose* (900 m, 5.13+ soit 8a+/b), grand problème de l'époque. Les années passent, les tentatives se succèdent, sans succès. Et puis soudain, le 19 septembre 1993, après quatre jours d'escalade, Lynn est au sommet et lance sa célèbre réplique. Elle vient d'accomplir un véritable exploit en étant la première, avant les hommes, à venir à bout de cette escalade très technique.

Elle refera l'ascension un an plus tard, en moins de 24 heures. Les images filmées la montrent dans une superbe chorégraphie sur le rocher, enchaînant les 34 longueurs avec une grâce et une agilité incroyables. À cette époque, l'escalade se fait en libre, sans utiliser les pitons ni les protections, en se servant uniquement des aspérités du rocher. Elle dira lors d'une interview : « J'ai pu pleinement apprécier la difficulté de cette escalade et j'étais motivée pour montrer de quoi les femmes étaient capables. Beaucoup de jeunes femmes m'ont dit ensuite que mon enchaînement a eu un impact sur la question de l'égalité de genre en escalade. » Elle découvre alors les plaisirs de la verticale en Europe, en particulier à Buoux où elle habite quelques années, mais aussi au Kirghizistan, au Vietnam et à Madagascar. Lynn aime profondément l'escalade car c'est pour elle « la première activité réellement égalitaire » qu'elle ait jamais pratiquée : le rocher ne discrimine pas et le genre n'est en aucun cas un facteur limitant. Elle vit aujourd'hui à Boulder dans le Colorado, et continue à grimper avec toujours la même éthique : « Le but de l'escalade est de s'adapter à la roche. On travaille sur soi-même pour surmonter l'obstacle du rocher… Je crois que les grimpeurs doivent laisser le rocher aussi intact que possible, en utilisant des coinceurs et en les plaçant à des endroits logiques (…)[1] pour offrir la meilleure expérience possible aux autres. » Cet esprit de Lynn, c'est aussi celui de grimpeuses comme Steph Davis ou la jeune Hazel Findlay, qui continuent d'entretenir ce vent de liberté en réalisant des itinéraires extrêmes du Yosemite au Groenland. À leur tour, elles entrent dans la légende.

1. Lynn Hill dans *Beyond risk : conversations with climbers*.

« *IT GOES, BOYS!* » : PREMIÈRE ASCENSION DU *NOSE* POUR LYNN HILL (EL CAP, YOSEMITE, USA).

© HEINZ ZAK

ET DEMAIN : LIBERTÉ, ÉGALITÉ, SORORITÉ ?

LISE BILLON, MAUD VANPOULLE, FANNY SCHMUTZ DEVANT LE FITZ ROY (2024).

Dans les traces de leurs aînées qui, depuis Marie Paradis, ont ouvert la voie des Alpes à l'Himalaya, la jeune génération réinvente désormais le jeu. « Être la plus haute » semble tellement dérisoire dans un monde en flammes : crise climatique et géopolitique, crise des modèles de société, rétrécissement des espaces de liberté... Avec la troisième vague du féminisme, le sujet de l'inclusion et de la diversité va prendre toute sa place dans le monde de la montagne. La barrière des sexes est estompée, les femmes en Occident sont libres de vivre à leur convenance, malgré le poids encore prégnant du patriarcat qui prédomine dans de nombreux pays.

La question suivante se joue aujourd'hui et demain : et si on pouvait vivre l'expérience de la montagne pour et par elle-même ? En la dépolluant des débats mâtinés de sexisme, de genre, de politique, d'ego, de réseaux sociaux pour revenir aux fondamentaux de ce *great outdoor* décrit par John Muir[1]. Ce retour à la nature sauvage, sans artifices, avec sobriété : partir sur un voilier entre copines pour aller au Groenland gravir une paroi, constituer une cordée mixte entre amis pour skier depuis le sommet d'un 8000, gravir une voie extrême en Patagonie, s'affranchir des chronos et des altitudes pour vivre des expériences ultimes aux marges du monde. Dans ce chapitre de l'histoire de l'alpinisme, la question de l'alpinisme au féminin n'aurait donc plus sa place en tant que telle.
Femmes et hommes enfin égaux face à une liberté à préserver ? Cette part féminine de la nature humaine qui respecte plus, qui conquiert et combat moins, qui préserve et pense un futur plus durable et plus soutenable n'est-elle pas le chemin à prendre ? Et si l'avenir de l'alpinisme était ce type d'alpinisme féminin ? Fondé sur des valeurs différentes, il apparaît peut-être dans la puissance de cette sororité, une forme de fraternité nouvelle, moins chevaleresque, moins exclusive, moins centrée sur les egos et les genres, et plus tournée vers la nature, le temps long et la quête de simplicité. En revisitant nos perspectives, on peut espérer que sororité et fraternité soient désormais à l'équilibre.

1. *My First Summer in the Sierra*, John Muir, 1911.

Lorsque John Muir[2] évoque ce retour à la nature et au sublime lors de sa première visite dans la vallée du Yosemite en 1869, on mesure l'émerveillement du jeune vagabond face aux paysages grandioses qu'il découvre pour la première fois. Ce sentiment de vivre une expérience du monde avant la civilisation était partagé par Gaston Rebuffat[3] : « L'un des plaisirs de la haute montagne, c'est d'être dans une nature sauvage, sans trace d'homme. La réalité sans l'homme. Quand on est alpiniste, on évolue dans un décor qui est AVANT l'histoire. »

Mais au-delà de ce besoin de revenir à des sentiments premiers, il existe bien d'autres dimensions plus spirituelles ou poétiques à une ascension. André Velter évoque ce « dépliement de l'espace, et le mont Analogue[4] qui apparaît pour métamorphoser la vue en vision et la vie en survie, en vie au-dessus de la vie ».
Vivre en vivant au-dessus de la vie est une invitation à regarder la montagne différemment, au-delà du simple jeu du féminin et du masculin.

2. « *Nearly all the upper basin of the Merced was displayed, with its sublime domes and canyons, dark upsweeping forests, and glorious array of white peaks deep in the sky, every feature glowing, radiating beauty that pours into our flesh and bones like heat rays from fire.* »
3. *Radioscopie* avec Jacques Chancel, France Inter
4. *Le Mont Analogue*, René Daumal, Gallimard, 1952

MAUD VANPOULLE ET FANNY SCHMUTZ DANS LA VOIE DU *COMPRESSEUR* AU CERRO TORRE (PATAGONIE, FÉVRIER 2024), SOIXANTE-CINQ ANS APRÈS L'ASCENSION CONTROVERSÉE DE CESARE MAESTRI.
© LISE BILLON

ET AILLEURS ? S'ÉMANCIPER ENCORE…

Si en Europe, aux États-Unis et dans une partie de l'Asie, les femmes ont aujourd'hui toute leur place en alpinisme, ce n'est pas encore le cas dans les pays émergents ou très religieux. Pour les femmes d'Amérique du Sud, d'Afrique ou du Moyen-Orient, être une grimpeuse ou une alpiniste reste très marginal et souvent mal perçu par la société. Ces femmes doivent affronter, comme celles du XIXe siècle en Europe, les préjugés et les critiques. Dans ces univers souvent organisés autour des représentations masculines, leur volonté d'émancipation, de liberté et d'autonomie questionne encore les rapports entre les genres. À l'échelle du monde, on voit l'émergence de mouvements qui portent atteinte aux droits des femmes et font parfois reculer les acquis. On sait que les conflits, les pandémies ou les changements climatiques affectent disproportionnellement les femmes. Selon le secrétaire général des Nations unies, au rythme des progrès actuels, il faudrait encore patienter 300 ans pour mettre un terme à un patriarcat bien ancré sur les cinq continents. Dans son rapport[1] de 2024, l'OMS constate que les femmes jouissent d'environ deux tiers des droits reconnus aux hommes et que, nulle part dans le monde, elles n'ont les mêmes droits que leurs homologues masculins pour tous les indicateurs mesurés.
Dans ce contexte, l'alpinisme féminin peut apparaître comme un sujet marginal.

1. *Les Femmes, l'entreprise et le droit*, 2024, OMS.

LES « CHOLITAS ESCALADORAS MAYA » ESCALADENT LE NEVADO SAJAMA, PLUS HAUT SOMMET ENNEIGÉ DE BOLIVIE (6 542 M), 2021.
© MARCELO PEREZ DEL CARPIO/ANADOLU AGENCY/ANADOLU VIA AFP

En 2015, en Bolivie, cinq Indiennes aymara créent le groupe des *Cholitas Escaladoras* et gravissent plusieurs sommets majeurs, dont le Huayna Potosí à 6 088 mètres d'altitude. Fières de leurs traditions, elles revendiquent d'être appelées *cholitas*, terme longtemps péjoratif désignant les Boliviennes d'origine autochtone. « Nous avons commencé comme cuisinières dans les montagnes. Nous préparions les repas et montions nourrir les touristes. Certains nous demandaient pourquoi on n'allait pas jusqu'au sommet. Ça nous a menées à nous poser la question, alors on s'est réunies, et du jour au lendemain, nous avons pris la décision de faire l'ascension complète du Huayna Potosí, sans équipement. C'est comme ça que tout a commencé », raconte Dora Magueño Machaca, une des *cholitas*. Ces femmes, qui grimpent en tenue traditionnelle – la *pollera*, grande jupe composée de jupons superposés, et l'*aguayo*, ce grand châle très coloré qui leur sert de sac –, ont quand même ajouté un collant chaud, un baudrier sous la jupe, des crampons et un piolet pour leurs ascensions plus techniques. Elles ont gravi les montagnes de leur pays, la Bolivie, mais aussi du Chili et de l'Argentine : deux d'entre elles sont arrivées au sommet de l'Aconcagua à 6 962 mètres.
Les *cholitas* sont ainsi devenues un mouvement d'émancipation des femmes boliviennes qui touche plus largement la société : s'affirmer dans leur tenue traditionnelle colorée (qui avait été imposée par les conquistadors au XVIe siècle comme marque de soumission) est devenu un symbole, quasiment un mouvement politique pour les femmes aymara.
Née au Guatemala en 1982, Andrea Cardona-Morfin est la première femme d'Amérique centrale au sommet du Cho Oyu (8 201 m), puis de l'Everest, respectivement en 2009 et 2010. Elle enchaîne ensuite avec les deux pôles puis les *Seven Summits*.

Iran, Pakistan, Afrique : autres contrées, autres enjeux...

En Iran, Nasim Eshqi s'est illustrée par son talent en escalade. Engagée et téméraire, elle s'est opposée aux dogmes et s'est fait la porte-parole des femmes de son pays : « Je veux porter la voix des femmes iraniennes car elles sont inaudibles. » Depuis quelques années, Nasim a ouvert ou répété de nombreuses voies d'escalade dans le monde et aussi dans son pays. Avant son exil d'Iran, elle a développé plusieurs écoles d'escalade pour permettre aux habitants locaux de découvrir cette activité, initier les jeunes et transmettre sa passion aux Iraniennes et Iraniens. Ce vent de modernité s'est heurté bien vite à la répression des mollahs, ce qui l'a conduite à quitter son pays.

En 2022, lors d'une compétition internationale d'escalade à Séoul, la grimpeuse iranienne Elnaz Rekabi fait la une de l'actualité après y avoir participé sans le voile normalement imposé aux sportives par les autorités de son pays. Elnaz a ensuite quitté la Corée du Sud plus tôt que prévu, sans donner de nouvelles pendant quelques jours. Son passeport et son téléphone ont été confisqués et sa maison aurait été détruite... Elle s'est ensuite publiquement excusée d'avoir « inquiété tout le monde », ajoutant que, dans la précipitation, son voile était accidentellement tombé et que ne pas le porter n'était « pas intentionnel ». Avait-elle subi des pressions ?

Au Pakistan, Samina Baig est la première femme de son pays à avoir gravi l'Everest, en 2013, puis elle a atteint les sommets les plus hauts des sept continents. C'est son frère qui lui a fait découvrir l'alpinisme et a été son principal compagnon de cordée dans ses ascensions. Lorsqu'ils arrivent à quelques centaines de mètres de l'Everest, il laisse sa sœur se rendre seule au sommet, sans son soutien. Par ce geste symbolique, ils adressent un message aux femmes musulmanes de leur pays et ouvrent une voie nouvelle : depuis 2014, une école d'alpinisme forme des femmes à devenir guides de haute montagne au Pakistan. Une révolution dans un pays où le rôle de la femme est en général cantonné aux tâches ménagères. Samina organise maintenant des expéditions dans l'Hindou Kouch ou le Karakoram et fait découvrir à d'autres les montagnes de son pays. Elle a réussi l'ascension du K2 en 2022 et a été nommée ambassadrice nationale de bonne volonté pour le Pakistan par le Programme des Nations unies pour le développement (PNUD).

Sur le continent africain, la place des femmes en alpinisme est encore plus ténue. On peut citer la Marocaine Bouchra Baibanou, première Africaine au sommet de l'Everest (2017) et sur les *Seven Summits*. Deux ans plus tard, c'est au tour de Saray Khumalo, sud-africaine, de parvenir sur le Toit du monde, devenant la première Africaine noire à réaliser cette ascension.

En 2022, environ six mille alpinistes sont connus pour avoir conquis l'Everest, mais moins de dix personnes d'origine africaine font partie de ce groupe exclusif.

« N'oubliez jamais qu'il suffira d'une crise politique, économique ou religieuse pour que les droits des femmes soient remis en question. Ces droits ne sont jamais acquis. ».

Aujourd'hui, cette phrase de Simone de Beauvoir est malheureusement toujours d'actualité.

EN HAUT
SAMINA BAIG, PREMIÈRE PAKISTANAISE AU SOMMET DE L'EVEREST, DEVIENT AMBASSADRICE DES NATIONS UNIES POUR LE PROGRAMME DE DÉVELOPPEMENT DANS SON PAYS (2018).
© AAMIR QURESHI/AFP

EN BAS
NASIM ESHQI AU FESTIVAL DE CANNES (2023).
© IPA, INDEPENDENT PHOTO AGENCY SRL/ALAMY/HEMIS

UNDP
Pakistan
Signing Ceremony of
SAMINA

WOMAN
FREEDOM

SE CACHER OU SE MONTRER ?

La place des femmes en montagne suit le mouvement plus profond de leur émancipation dans la société et, au fil de l'histoire, on peut dégager des grandes tendances. D'abord tolérées, sous certaines conditions, puis égéries d'une contestation sociale, elles sont sans doute aujourd'hui des sportives comme les autres.

La question du vêtement dans la pratique de l'alpinisme et de l'escalade reflète cette évolution.

Au XIXe siècle, la bienséance et la pudeur sont de mise. Faibles et fragiles, les femmes sont cantonnées à des prérogatives maternelles ou familiales. Lorsqu'elles vont en montagne, elles ne quittent pas leurs atours féminins et sont chaperonnées par des hommes qui les protègent. Les représentations de l'époque les montrent sous la protection héroïque d'un mari ou d'un guide.

La jupe reste incontournable et le port du pantalon, assimilé à une transgression, est interdit. Petit à petit, des alternatives sont imaginées : port du pantalon sous la jupe, système d'anneaux et de ficelles pour relever la jupe et la maintenir autour de la taille, jupe raccourcie, jupe rangée au fond du sac pendant l'ascension et remise avant le retour dans la vallée. C'est ainsi que Lizzy Leblond se cachait derrière un rocher pour passer de la jupe au pantalon.

Dans ce contexte, l'alpinisme acrobatique n'est pas envisageable. Il faudra attendre la fin du XIXe siècle pour voir apparaître des femmes en pantalon, qui s'attaquent à des passages d'escalade athlétiques et plus techniques.

En 1887, Gabrielle Vallot[1] conseille aux femmes d'adopter franchement le costume d'homme, élément indispensable de la sécurité en montagne mais aussi signe d'une volonté d'émancipation. À la même époque, Mary Paillon est moins téméraire : elle préconise de remplacer le corset par une ceinture en flanelle mais de garder un caleçon en laine et un pantalon de gros drap sous la jupe que l'on peut relever ou plier dans le sac !

Au début du XXe siècle, les femmes sont encore d'éternelles secondes, elles restent encordées derrière les hommes.

C'est seulement dans les années 1930 qu'apparaissent les premières cordées entièrement féminines, ou des cordées mixtes dans lesquelles la femme grimpe en tête. Les tenues sont alors empruntées aux hommes, elles sont plus pratiques et adaptées aux mouvements acrobatiques. Mais il s'agit d'un phénomène encore très marginal.

Après-guerre, l'alpinisme va bénéficier des avancées technologiques de l'armée : cordes en nylon, beaucoup plus sûres, car offrant une certaine élasticité, vêtements plus légers et moins encombrants.

La fin des années 1960 et les années 1970 marquent un tournant avec la libéralisation des corps et l'apparition de nouveaux matériaux comme le Lycra. Les femmes vont porter des vêtements moulants ou des shorts, et même des survêtements !

Puis, l'esthétique évolue. Dans les années 1980, la femme doit arborer sa féminité, les vêtements deviennent plus sexy et colorés. Le rose ou les couleurs fluo dominent. Et le costume devient parfois minimaliste.

Les marques, les sponsors ou les médias (majoritairement dirigés par des hommes)

CHAMONIX (HAUTE-SAVOIE, ALPES) : TOURISTES SUR LA MER DE GLACE (CARTE POSTALE, 1909).

1. Vallot G., *Mes ascensions*, in Annuaire du CAF, 1887.

imposent souvent une sexualisation du corps des sportives. Ils mettent en avant des caractéristiques qui ne sont pas liées au sport à proprement parler, mais à des considérations esthétiques. La visibilisation des femmes passe alors par une importance démesurée accordée au physique, au détriment des performances. Le corps de la femme devient parfois un outil commercial pour vendre des lessives mais aussi des voitures… ou des baudriers d'escalade.
Le XXIe siècle est sans doute plus équilibré. Après avoir caché le corps des femmes, puis l'avoir exposé à l'excès, on revient à des tenues non genrées.
Il est parfois difficile de reconnaître si c'est une femme ou un homme qui se cache derrière le masque.

Certaines injonctions persistent néanmoins, comme en témoignent les scandales ébranlant régulièrement le monde du sport, qui impose parfois encore, lors des compétitions, des tenues féminines plus courtes et moins couvrantes que celles des hommes pour la même activité, règles évidemment mises en place par des hommes.[1]
Paradoxalement, les réseaux sociaux ont aussi imposé leurs codes visuels et certaines alpinistes influenceuses en usent…

---

1. En 2021, l'équipe féminine de beach handball écope d'une amende de 1 500 euros pour non-respect de la tenue officielle : les joueuses ont en effet préféré porter un short (tenue dans laquelle « elles se sentaient mieux ») plutôt que le bikini imposé par la Fédération européenne…

PAGE DE DROITE
LA SKIEUSE MINNA RIIHIMAKI À CHAMONIX.
© PASCAL TOURNAIRE

EN BAS, À GAUCHE
LES FAMEUSES VERTICAL GIRLS.
© ARCHIVES VERTICAL

EN BAS, À DROITE
CATHERINE DESTIVELLE À L'ENTRAÎNEMENT CHEZ ELLE. PARIS, FRANCE (1992).
© ANTONIO RIBEIRO/GAMMA-RAPHO VIA GETTY IMAGES

LE DERNIER SOMMET[1] AVEC SOPHIE LAVAUD

Gravir des sommets de haute altitude exige cette capacité à attendre le bon moment, à patienter de longues semaines pour saisir le kairos[2], cette opportunité à l'action. La patience et l'art de s'acclimater sont les clefs pour saisir la « fenêtre météo » qui permet de cheminer vers le sommet. Pour cela, il faut savoir organiser une logistique impeccable pour que les camps d'altitude soient prêts avec des équipes de sherpas affûtés. Dès la première ascension de l'Everest en 1953 par Hillary et Tenzing, la qualité de l'organisation conduite par le colonel John Hunt était au cœur de la réussite de l'expédition.

Avec Sophie Lavaud, nous devinons ce talent : savoir patienter, attendre son heure et engager l'ascension avec détermination. Savoir utiliser les bonnes ressources et les complémentarités de l'équipe. Parfois, au paroxysme des doutes, lorsqu'à plus de 6 000 mètres la stratégie vacille, il ne faut pas laisser s'échapper cette fameuse « fenêtre météo ». « Il faut boucler le Nanga », ce dernier sommet tant espéré. Avec vingt-deux expéditions et 1 500 jours à dormir sous tente dans des camps, Sophie arrive au terme de son grand chelem : l'ascension des quatorze sommets de plus de 8 000 mètres.

1. Titre du film de François Damilano sur l'ascension du Nanga Parbat et les 14 8000 de Sophie (Caravan production 2024).

2. Le *kairos* (καιρός) est un concept qui, adjoint à l'*aiôn* et au *chronos*, permet, sinon de définir le temps, du moins de situer les événements selon cette dimension. Faire le bon acte au bon moment participe au kairos. Pour ce qui est de la pensée occidentale, le concept de kairos apparaît chez les Grecs sous les traits d'un petit dieu ailé de l'opportunité, qu'il faut attraper quand il passe (saisir une opportunité).

SOPHIE ET SANGAY : UNE ENTRAIDE SANS FAILLE. ICI, AU SOMMET DU NANGA PARBAT.
© SOPHIE LAVAUD

Seules trois femmes ont réussi ce challenge en comptant les antécimes : Edurne, Gerlinde et Nives. Elle est le premier Français (tous sexes confondus) à réussir cet exploit !

Cette obsession d'altitude fonde un désir d'absolu auquel seuls quelques alpinistes ont accédé, une quarantaine à peine. Pour Sophie au Nanga Parbat, le *mur Kinshofer* a été une rude épreuve. Sangay, le sherpa avec qui elle a réussi sept sommets et qui a participé à douze des expéditions, est son ange gardien : il est un soutien précieux qui distille ses conseils, encourage et partage ces efforts inhumains. Sophie en a besoin : « Je doute souvent de mes capacités, je ne suis pas très forte, pas très douée, et je dois mettre beaucoup d'énergie pour y arriver. »
Pourtant, Sophie est dure à l'effort, lorsque « le corps n'a plus envie d'être là ». Son moteur est ce désir d'absolu qu'elle exprime à son arrivée au sommet de l'Everest en 2014 : « On est sur le Toit du monde, c'est un truc de dingue, et cette sensation d'entrer dans l'histoire de cette montagne... »

Pas à pas, après onze années d'expéditions, la mesure des dangers n'a cessé de grandir : « J'ai plus peur aujourd'hui avec ce sentiment de mort en haute altitude » mais, heureusement, « j'ai la chance d'avoir une mémoire qui efface les difficultés, je suis dans le positif et cela m'aide ».
Son choix de dédier sa vie à la haute altitude est un basculement, un saut dans l'inconnu, sans filet. À 36 ans, elle gravit le mont Blanc et cela éveille un goût de l'exploration. De son parcours dans le monde de l'entreprise, elle ne garde aujourd'hui qu'un lointain souvenir. Le guide François Damilano, qui l'accompagne sur les sommets depuis des années et a réalisé plusieurs films sur elle, la qualifie « d'étrange

héroïne ». Modestement, avec cette élégance discrète, elle est entrée dans l'histoire de l'alpinisme. Son ascension du Nanga Parbat en 2023 scelle le succès d'une longue décennie d'altitude. Elle le concède : « Là-haut, tout est difficile. » Elle poursuit désormais son chemin vers la réalisation des sept sommets les plus hauts de chaque continent, les *Seven Summits*.

Mais à y regarder de plus près, la réussite de Sophie interpelle les ténors de l'alpinisme, car c'est une femme normale qui déjoue la malédiction française. Depuis les années 1980, chacun des Français qui a tenté le grand chelem des quatorze 8000 en est mort : Liliane et Maurice Barrard au K2, Pierre Béghin à l'Annapurna, Benoît Chamoux au Kangchenjunga, Chantal Mauduit au Dhaulagiri, Éric Escoffier au Broad Peak, Jean-Christophe Lafaille au Makalu et Ludovic Challéat au Manaslu… Alors pourquoi Sophie a-t-elle réussi ? Sa qualité première n'est-elle pas la patience ? Pour survivre là-haut, il faut résister à la tentation du sommet. Apprendre à garder la tête froide. Ne pas céder à l'hubris et à l'orgueil…

Depuis plusieurs années, l'Himalaya est devenu un grand cirque médiatique avec la fameuse réussite de Nirmal Purja, surnommé « Nims Dai », qui enchaîne en six mois les quatorze sommets, puis c'est au tour de la Norvégienne Kristin Harila qui les boucle en trois mois et un jour avec force logistique. De son côté, Élisabeth Revol[1] poursuit sa quête des quatorze 8000, sans porteurs ni oxygène, avec des expéditions plus légères, parfois en hiver. Elle s'implique également dans l'aide aux populations locales. Ces figures s'engagent toutes à leur manière : cela n'ôte en rien à la performance et aux risques encourus par ces alpinistes. Mais dans cette frénésie, comment rester à son rythme et ne pas céder à la tentation de trop s'exposer « pour finir » ?

Au camp de base du Nanga Parbat, Kristin Harila glisse à Sophie : « Je veux terminer et rester vivante ! » L'absurdité de ces quêtes frénétiques en dit beaucoup sur nos humanités, nos névroses, nos obsessions…

Cet alpinisme avec sherpas, oxygène et une importante logistique n'est-il pas à bout de souffle ? Les sherpas sont les clefs de voûte de ces ascensions : ils portent des charges énormes, installent des cordes fixes et les camps, ils cuisinent et accompagnent pendant l'ascension. Ils sont les guides ultimes pour une population aisée en quête de sensations et parfois obsédée par le défi des 8000. C'est un modèle économique qui fait vivre un pays entier, le Népal. Et Sophie a cherché à éviter les écueils pour cheminer discrètement dans cet univers. Symboliquement, elle vient de fermer une page de l'histoire débutée en 1950 à l'Annapurna avec Lachenal et Herzog.

« C'est une bonne chose que ce soit fini, je pense que c'est très bien qu'il n'y en ait que quatorze parce que s'il y en avait plus, je continuerais… et il ne faut pas se tromper, c'est dangereux, c'est putain de dangereux d'aller là-haut. Donc c'est bien que ça s'arrête. » Avec ce succès, Sophie met un terme à cette malédiction française et entre sur la pointe des pieds dans l'histoire de l'alpinisme. Une réussite admirable et un cycle qui s'achève.

EN HAUT
SOPHIE LAVAUD DANS LES IMMENSES PENTES AVALANCHEUSES SOUS L'ARÊTE SOMMITALE DU DHAULAGIRI.
© DAWA SANGAY SHERPA

EN BAS
2024 MARQUE LA SORTIE DU FILM DE FRANÇOIS DAMILANO CONSACRÉ À SOPHIE LAVAUD ET D'UN LIVRE SUR LES QUATORZE 8000 COÉCRIT PAR FRANÇOIS DAMILANO ET SOPHIE LAVAUD.

1. *Vivre*, Élisabeth Revol, Arthaud, 2019.

Sophie Lavaud
LE DERNIER SOMMET
UN DOCUMENTAIRE DE 90 MINUTES
ÉCRIT ET RÉALISÉ PAR FRANÇOIS DAMILANO
CANAL+ DOCS
CNC

FRANÇOIS DAMILANO / SOPHIE LAVAUD
LES QUATORZE
8000
DE SOPHIE LAVAUD
Glénat

SECOURUE ET SECOURISTE

En France en 2022, sur les 7000 sauvetages en montagne recensés par le Système national d'observation de la sécurité en montagne (SNOSM), on constate cette asymétrie avec, pour l'alpinisme, 603 accidents qui concernent des hommes et 179 les femmes, soit un ratio de 20 %. Mais combien sont-elles à pratiquer ? Une étude indique que le British Mountaineering Council compte 20 % de femmes pratiquantes, lorsque la Fédération française des clubs alpins et de de montagne en compte 36 %. La part des accidents qui implique des femmes augmente et la médiatisation qui l'accompagne aussi. Maud Vanpoulle, guide et experte en accidentologie, note que l'indice de mortalité est de 7 % pour les femmes, contre 11 % pour les hommes, confirmant l'idée que ces derniers s'exposent davantage aux risques avec un « engagement plus radical ».

On se souvient de la mésaventure d'Erica Stagni aux aiguilles du Diable en 1938. Mais plus récemment, des histoires incroyables de survie ont défrayé la chronique. Lorsqu'en 2013 Gaëlle Cavalié s'engage en solitaire dans le *couloir Couturier* à l'aiguille Verte, elle n'a pas encore conscience qu'elle va connaître *100 heures de solitude*[1] dans une crevasse à attendre les secours. Cent heures d'angoisse avant qu'une courte fenêtre de beau temps ne permette au Peloton de gendarmerie de haute montagne (PGHM) de la repérer et de la ramener à bout de forces vers la vallée et la vie. Lorsque le sauveteur est treuillé vers elle, une main d'outre-tombe s'accroche à lui : « Spontanément, je m'agrippe avec mon gant à la jambe du secouriste. (...) Et dans un élan de compassion, il prend alors ma main dans son grand gant chaud, sec et rassurant. (...) Je n'oublierai jamais cette main. » Gaëlle Cavalié a 21 ans et se bat pour survivre depuis quatre jours dans la tempête, à 3 900 mètres d'altitude. Chacun mesure le miracle. Son livre est le témoignage de cette expérience bouleversante qu'elle décrit quelques mois plus tard : « J'ai vu la mort venir, je m'en suis voulue de la peine que j'allais faire à mes parents, je voulais vivre aussi, mais, à un moment, je me suis dit que j'étais prête, s'il le fallait. Alors, j'ai fait un pacte avec Dieu : je lui ai dit que j'étais prête à perdre mes jambes et que, s'il me laissait la vie sauve, je ne referais plus jamais d'alpinisme. »

L'histoire d'Élisabeth Revol au Nanga Parbat en ce début d'année 2018 va aussi passionner les foules. Les soubresauts de son aventure vont tenir en haleine l'opinion publique jusqu'à son retour en France. Située au Pakistan, cette montagne est légendaire. Sa première ascension par l'alpiniste autrichien Hermann Buhl en 1953 est restée dans les mémoires, comme la tragédie qu'y vécut en 1970 Reinhold Messner avec son frère Günther, emporté par une avalanche à la descente.

1. C'est le titre de son livre publié aux éditions Guérin en 2017.

À GAUCHE
LE COULOIR COUTURIER À LA VERTE.
© PASCAL TOURNAIRE

À DROITE
GAËLLE CAVALIÉ.
© PASCAL TOURNAIRE

Pour Élisabeth Revol et Tomek Mackiewicz, le poids de l'histoire pèse sur leur projet et ils savent que gravir le Nanga Parbat, sans aide et en hiver, sera un exploit immense. Ils connaissent bien cette montagne pour avoir déjà tenté l'ascension à plusieurs reprises, notamment Tomek qui en est à sa septième tentative.

Le 25 janvier 2018, à 17 h 10, après une ascension qui a duré cinq jours, Tomek et Élisabeth sont à quelques mètres du sommet. À l'approche de l'arête, le vent se lève, Élisabeth distingue un pieu à neige et des drapeaux autour. Le sommet est là ! Quand Tomek la rejoint, l'histoire bascule immédiatement. Il ne voit plus clairement, il ne distingue même plus la lampe frontale d'Élisabeth. Celle-ci raconte : « Maintenant, on était en mode survie, j'étais concentrée à 200 %. » La descente est lente, très lente... Tomek saigne de la bouche, l'absorption d'amphétamines lui offre un court répit. La nuit est une agonie. Élisabeth sait qu'il faut impérativement perdre de l'altitude. À 7 500 mètres, elle donne l'alerte.

Au camp de base, dès le 26 janvier, la demande de sauvetage circule parmi les expéditions. Une équipe d'alpinistes de haut niveau se constitue, avec notamment le Russe Denis Urubko et le Polonais Adam Bielecki. Denis a un palmarès d'himalayiste impressionnant ; il est vivant « par accident », s'amuse-t-il à dire. Il va falloir attendre le 27 janvier pour que l'hélicoptère Écureuil B3 de l'armée pakistanaise dépose l'équipe à 4 800 mètres. Leur cordée est acclimatée et avance rapidement. Le 28 janvier, à 1 h 50 du matin, ils sont à 6 100 mètres et retrouvent Élisabeth qui poursuit sa descente à très faible allure depuis plus de vingt-quatre heures. Elle est épuisée, déshydratée, un de ses pieds est gelé ainsi que l'extrémité de certains de ses doigts. Adam et Denis installent une tente et la font boire, manger et prendre des médicaments. Tomek est resté à 7 300 mètres d'altitude, incapable de poursuivre sa descente. « Le Nanga Parbat était son écriture, son inspiration et le livre de sa vie », dira Élisabeth. Le secours va se poursuivre encore par une longue et périlleuse descente du mur *Kinshofer*. Des heures à combattre l'épuisement et le froid. Enfin, à l'arrivée au camp 1, Élisabeth est sauvée.

Dès son retour en France, elle est prise en charge à l'hôpital de Sallanches, au pied du mont Blanc, par des médecins du secours en montagne. Parmi eux, on compte les premières femmes sauveteurs de haute montagne. France Rocourt[1] et Sonia Popoff sont des figures incontestées de cette médecine d'urgence d'altitude. Dès 1975, France va être intégrée au sauvetage héliporté à Grenoble avec la Sécurité civile. Elle fera une carrière complète d'urgentiste, de formatrice et réalisera des milliers de sauvetages en montagne. Sur ses traces, Sonia Popoff est une des premières femmes médecins à rejoindre les équipes de secours à Chamonix. Elle est une alpiniste et sportive accomplie, avec cette dose d'humilité et de douceur uniques. Dans le podcast « Les Baladeurs », elle raconte une mésaventure[2]

1. https://www.helico-fascination.com/pilotes-et-equipages/article/le-record-de-france-rocourt
2. https://www.lesothers.com/podcast/sonia-popoff-medecin-urgentiste-mont-blanc
https://www.climbing.com/news/angels-of-mont-blanc/

EN HAUT
LES ALPINISTES POLONAIS DE L'EXPÉDITION AU K2 QUI SE SONT PORTÉS SPONTANÉMENT AU SECOURS D'ÉLISABETH SUR LE NANGA PARBAT AVEC LE SUPPORT DES HÉLICOPTÈRES DE L'ARMÉE PAKISTANAISE (2018).
© SAYED FAKHAR ABBAS/AFP

EN BAS, À GAUCHE
LE 28 JANVIER 2018, L'ALPINISTE FRANÇAISE ÉLISABETH REVOL ARRIVE À ISLAMABAD AVEC L'AMBASSADEUR DE FRANCE AU PAKISTAN MARC BARÉTY.
© HANDOUT / FRENCH EMBASSY/AFP

EN BAS, À DROITE
LA PRESSE AVIDE DE CONNAÎTRE LES DÉTAILS DE LA SURVIE D'ÉLISABETH REVOL (2018).
© PHILIPPE DESMAZES/AFP

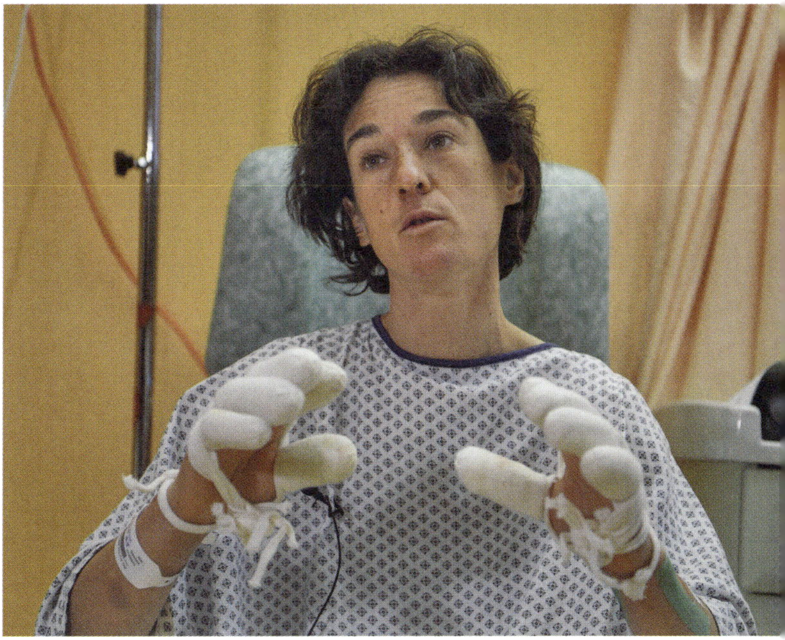

qu'elle a vécue lorsque les pales de l'hélicoptère touchent la paroi du Grand Capucin. Son témoignage lucide et calme incarne sa manière d'être. Le métier du secours en montagne s'est donc féminisé très tardivement. En France, les deux premières femmes à avoir rejoint le PGHM sont Vérane Bonneuil et Alice Coldefy.

Vérane se rêve en pilote de chasse et débute en classe préparatoire pour intégrer l'École de l'air. Mais sa quête d'authenticité et ses origines queyrassines la questionnent alors qu'elle vient d'être admise à l'École Navale : « Je voulais exercer une profession avec une activité physique et apporter mon aide. » À Guillestre, chez sa grand-mère, les photos de son grand-père, gendarme et secouriste, l'ont marquée. « Il avait un chien d'avalanche. Mon héros, c'était lui. Je voulais être militaire. » Sa maman, médecin et monitrice de ski, l'encourage. Encore faut-il apprendre à grimper et devenir alpiniste. Elle intègre la gendarmerie par la petite porte, à 21 ans : École des sous-officiers de gendarmerie (ESOG), vie de brigade, stages montagne et investissement personnel. En 2011, elle réussit l'entrée au PGHM, un accomplissement.

En janvier 2012, Alice Coldefy, alors fraîchement sortie d'école, intègre le prestigieux peloton de gendarmerie de haute montagne de Chamonix. Rien ne prédestinait cette jeune Parisienne au métier de gendarme. Adolescente, Alice commence à pratiquer l'escalade à Fontainebleau et passe ses vacances d'hiver en famille à Chamonix. L'amour de la montagne la gagne jusqu'à la pousser à s'installer en Haute-Savoie. Son objectif : faire de l'alpinisme et devenir guide de haute montagne. Mais en attendant, il faut bien vivre. Pôle Emploi l'oriente alors vers la gendarmerie, qui recrute des gendarmes adjoints volontaires. En 2007, elle rejoint le Centre national d'instruction de ski et d'alpinisme de la gendarmerie (CNISAG) en qualité de magasinière et commence à découvrir le métier de gendarme secouriste. Après sa réussite à l'examen d'entrée au diplôme de guide, elle est directement affectée au PGHM de Chamonix. Elle est alors la deuxième femme à rejoindre les rangs des unités montagne, quelques mois seulement après Vérane Bonneuil : « J'ai été bien accueillie. Je connaissais tout le monde. Le fait d'être une femme ne changeait rien pour mes camarades. »

Sur les traces de France, Sonia, Vérane et Alice, d'autres femmes intégreront les équipes de secours comme Marion Poitevin en 2016. Première femme à rejoindre le Groupe militaire de haute montagne (GMHM), elle est une figure du féminisme montagnard par ses prises de position régulières[1] pour dénoncer les inégalités. Avec son association Lead the climb, elle encourage les femmes à passer en tête de cordée et s'implique dans de nombreuses initiatives. Elle est ainsi devenue la voix médiatique d'une *affirmative action* à la française.

1. *Briser le plafond de glace*, éditions Guérin, 2022.

MARION POITEVIN, GUIDE ET SECOURISTE, AUTRICE DE *BRISER LE PLAFOND DE GLACE*.
© PASCAL TOURNAIRE

LISE AUX PIOLETS D'OR

« J'ai envie d'être vue comme une alpiniste, pas comme une femme alpiniste. Tant qu'on me pose la question, c'est que je continue d'être vue comme une femme alpiniste. »

« Le milieu de l'alpinisme n'est pas plus machiste que la société », déclare Lise Billon dans une interview[1]. Et elle ajoute : « Je ne me suis jamais mis de barrière par rapport à mon genre. Dans mon cas, ce n'est pas vrai qu'on ne m'a pas laissé de place. C'est une question de niveau. »
Et du niveau, Lise, elle en a !
Alpiniste engagée et inspirante, elle incarne des valeurs d'humilité et d'audace. À travers ses réalisations remarquables, elle suscite l'admiration et le respect dans le monde de l'alpinisme. Elle est la deuxième femme à recevoir un Piolet d'or, en 2016, pour l'ouverture d'une voie au pilier nord-est du Cerro Riso Patron en Patagonie[2].
Grimpeuse et voyageuse insatiable, cette guide de haute montagne est avant tout une aventurière. Elle aime la simplicité qu'offre l'aventure, les grands espaces, mais aussi explorer au sens littéral du terme : « Parcourir, visiter une contrée, un lieu mal connu ou inconnu, en l'étudiant avec soin[3]. » Pas question de record ni de victoire, mais plutôt de quête, d'amitié, de rencontres, d'ouverture au monde…

Fille de guide, Lise est née en 1988 dans la Drôme, dans une famille où la pratique de la montagne est avant tout un art de vivre.
Elle parle d'elle-même en ces termes[4] :
« Une nomade qui essaie de se poser… Voilà comment je me décrirais en quelques mots.
Esprit libre et insaisissable, j'ai tout de même quelques lieux de prédilection qui représentent mes racines. D'abord le Verdon. Des océans de calcaire gris perdus au milieu de plateaux arides.
Ensuite vient la Patagonie. Ses montagnes reculées sont celles qui ont forgé mon expérience d'alpiniste. Leurs formes façonnées par le vent, les lumières australes, le désert de glace d'un côté, le désert de poussière de l'autre.
Les grands espaces des États-Unis. Les fissures. Vivre le rêve américain et se prendre pour une cow-girl ! Un désert où le regard porte loin…
Et bien sûr, le massif du Mont-Blanc. Mon jardin. Là où j'ai décidé d'installer mon camp de base. Montagnes accessibles mais non moins grandioses pour autant.
Puis, petit à petit, mon regard s'est tourné vers l'Himalaya. La découverte du Pakistan a été pour moi une révélation. Un mélange de Patagonie et de Chamonix puissance 10 !
L'alpinisme et les expéditions constituent pour moi un terrain qui me permet de laisser libre cours à ma créativité. Tracer des lignes, créer mes propres histoires. C'est aussi et avant tout un jeu, qui permet d'échanger des moments forts avec ses compagnons de cordée, mais également des moments forts d'introspection.
Rien ne vaut une longue marche d'approche pour accéder à un camp de base reculé et voir le monde plus clair ! »
Dernièrement, elle a réussi la première ascension féminine de la *voie du Compresseur* au Cerro Torre, en Patagonie, un itinéraire d'envergure, complexe et engagé, avec ses amies et partenaires de cordée Maud Vanpoulle et Fanny Schmutz. La Patagonie est réputée pour

1. *Alpine mag*, « Lise Billon messagère », janvier 2024.
2. Avec Antoine Moineville, Jérôme Sullivan et Diego Simari.
3. Définition du Larousse.
4. Site petzl.com (marque partenaire de Lise).

ESCALADES ULTIMES EN PATAGONIE.
© COLL. LISE BILLON

son climat rude, ses vents violents, et une météo capricieuse. Après six semaines d'attente, un créneau se présente enfin.
« Mais finalement, comme souvent là-bas, il s'est rétréci. Il avait beaucoup neigé avant, il faisait un peu froid. Le premier jour, on a dû brasser la neige jusqu'au col de la Paciencia, véritable point de départ de la voie. On s'est dit que c'était pas gagné mais on avait juste envie d'essayer », raconte Maud.
Après trois jours d'escalade mixte sur l'immense arête sud-est, elles atteignent le sommet par une dernière longueur cotée 7b, verticale et très engagée, le « crux » de la voie.
Lise a enfin réussi sa « chimère », le Cerro Torre, fascinant sommet de granit qui lui avait échappé deux fois, lors de précédentes expéditions.
Rolando Garibotti, guide et alpiniste de nationalité argentine et américaine, est élogieux : « Il s'agit de la première féminine de la voie et indiscutablement de l'une des ascensions les plus difficiles réussies par une cordée entièrement féminine dans le massif. »

Pour Lise, le prochain rêve reste à écrire...

LA CHEMINÉE VERGLACÉE UNIQUE EN SON GENRE, QUI OUVRE LE CHEMIN VERS LE SOMMET (FANNY SCHMUTZ À L'ŒUVRE).
© LISE BILLON

Comme dans la société, les stéréotypes de genre sont présents dans l'univers de la montagne. Dans son livre[1], Marion Poitevin, guide et secouriste, cite les nombreux clichés sexistes « ordinaires » : les femmes sont nulles en orientation, ont toujours froid ou envie de faire pipi, elles ne sont pas adaptées aux charges lourdes, aux efforts longs, et sont plus souvent sujettes à la peur…
Alors, qu'en est-il de la physiologie féminine ? Être femme, c'est avoir ses règles, qui peuvent s'accompagner d'une grande fatigue ou de douleurs insupportables. Toute femme a dû un jour renoncer à une sortie en piscine, à un voyage qui tombe « au mauvais moment », à un projet trop exigeant. En période de menstruations, la femme doit prévoir les protections nécessaires et avoir une hygiène particulière… Autant d'exigences qui ne sont pas faciles à mettre en œuvre en montagne, de surcroît en expédition. Cela peut-il avoir des conséquences sur la santé des femmes en montagne ? Ce n'est pas un sujet qui, à notre connaissance, a été beaucoup exploré, mais il existe des témoignages intéressants.

Nives Meroi, lors de sa descente du Lhotse en mai 2004, commence à se sentir très mal. « J'avais un début d'œdème cérébral : hébétée au bout d'une corde fixe, je jouais avec le descendeur. Romano m'a vue et a tout de suite compris ce qui m'arrivait. Il m'a injecté deux ampoules de cortisone, médicaments essentiels que nous emportons pour ces cas d'urgence. (…) Ça ne m'était jamais arrivé, je ne comprenais pas comment c'était venu.
Puis, une fois couchée, je me suis aperçue que ce jour de sommet, à 8 500 mètres, je venais d'avoir mes règles. Je crois que je détiens le record des plus hautes menstruations du monde. D'habitude, mon cycle s'interrompt vers 7000 mètres ; pour les autres alpinistes, je ne sais pas. (…) Ma fertilité de femme s'en allait ainsi, dans l'endroit le plus stérile et le plus aride. Et puis, j'ai fait une autre chose bizarre. Je n'ai pas voulu laver ce collant, je l'ai jeté. C'est vraiment une chose curieuse car je ne jette rien, je tiens compte de la moindre chose, je suis économe. Ce signe de sang perdu là-haut doit m'avoir fait peur, ainsi que l'œdème. Je ne l'ai pas voulu avec moi. J'ai jeté le collant par exorcisme. »[2]

Récemment, des associations ont vu le jour, en particulier dans les pays anglo-saxons, et se sont emparées des questions plus spécifiques de la physiologie féminine, sans tabou.
Un article de l'*Alpine Journal 2023* tente d'explorer le sujet. Alors qu'il y a aujourd'hui quasiment autant de femmes que d'hommes en escalade ou en randonnée, pourquoi sont-elles largement sous-représentées en expédition ? L'Alpine Club propose des conférences[3] sur les difficultés que peuvent rencontrer les femmes en haute montagne, et donne des conseils pratiques sur le froid, la nutrition, les vêtements, les urinettes (système d'entonnoir permettant de faire pipi debout !), l'hygiène… Sur le plan physiologique, des différences existent que l'on ne peut nier entre hommes et femmes. Eh oui ! Les femmes sont plus sensibles au froid, et physiquement moins aptes à porter des charges lourdes… mais elles ont

1. *Briser le plafond de glace*, éditions Paulsen, 2022.

2. *Je ne te ferai pas attendre*, Nives Meroi, éditions du Mont-Blanc, 2018.
3. *Expedition essentials for women explorers.*

FANNY SCHMUTZ.
© PASCAL TOURNAIRE

toute leur place en expédition, même s'il reste difficile de partir longtemps pour une mère. Ces dernières années, on note une nette évolution. Liv Sansoz, guide et ancienne championne du monde d'escalade, a remarqué que son petit gabarit lui donnait un avantage en haute altitude. Mais elle déplore que les camps de base ne soient pas pensés pour les femmes rendant leur quotidien plus contraignant. L'UIAA propose sur son site des conseils pour les femmes : *« Advice for women going to altitude »*. On peut y lire que les femmes sont moins sujettes que les hommes aux œdèmes pulmonaires, mais plus souvent atteintes d'œdèmes périphériques, que la contraception orale est à éviter en haute montagne car elle peut être la cause de thromboses, que les règles peuvent être très perturbées et qu'il y a des traitements préventifs possibles. Ces articles ont été traduits en plus de dix langues… mais pas en français ! Pourtant, l'UIAA a été créée en 1932 à Chamonix.

Le sujet reste-t-il plus tabou dans certains pays que dans d'autres ?

Dans une expédition, la femme peut parfois représenter une menace ou une cible. Pour certains hommes, l'alpinisme incarne des valeurs de camaraderie que la présence d'une femme gâcherait… On a beaucoup reproché à des alpinistes comme Chantal Mauduit ou Lydia Bradey une trop grande proximité avec les hommes, des mœurs trop libres, susceptibles

de créer des dissensions ou des jalousies dans l'équipe. Néanmoins, pour coucher ensemble, il faut être deux... Ces deux femmes ont aussi souffert du regard porté sur elles au Pakistan. Lydia raconte, au sujet des deux semaines de trek jusqu'au camp de base du K2 : « Je suis lasse de cette région musulmane où l'on voit rarement une femme et où je dois être en permanence sur mes gardes, surveiller mon apparence et mon comportement[1]. » Chantal Mauduit compare l'attitude des hommes au Népal, le « pays du sourire », à celle de ceux du Pakistan qui ont parfois eu des comportements déplacés à son égard. Des hommes lui demandent un baiser, un patron d'hôtel vient réclamer son dû en frappant à la porte de sa chambre, un haut fonctionnaire de Skardu l'accuse d'avoir « baisé avec tous les hommes des environs ». Elle se sent oppressée et garde un très mauvais souvenir de ces séjours dans les villes où il est mal perçu d'être une femme indépendante. Liv raconte qu'elle a dû parfois endosser son « habit d'homme » pour se faire entendre et respecter dans le milieu de la montagne, notamment par les marques d'équipement ou les porteurs au Pakistan.

En 2024, un scandale éclate avec le témoignage de deux femmes alpinistes publié par le *New York Times*. Elles accusent Nirmal Purja, la star de l'alpinisme médiatisée par Netflix, de harcèlement sexuel et d'abus de pouvoir. Ces dénonciations ne sont-elles que la partie émergée de l'iceberg ? Une étude de 2018 montre que dans le milieu de l'escalade, 40 % des femmes déclarent avoir été exposées à des agressions ou du harcèlement sexuel : 57 % harcelées verbalement, 41 % touchées sans consentement, 7 % embrassées contre leur gré et 3 % violées. Un grimpeur du Yosemite, Charles Barrett, vient d'être condamné à perpétuité pour viol. le sujet est encore peu abordé, même si certains faits sont évoqués, notamment lors des formations. Peu à peu, les tabous se fissurent, l'égalité progresse, mais ces avancées restent précaires. Cette féminisation relative de l'alpinisme et les faits parfois condamnables qui l'accompagnent démontrent le besoin de continuer à libérer la parole.

INITIATION À L'ALPINISME SUR LA FRÊTE DES CHARMOZ À CHAMONIX.
© PASCAL TOURNAIRE

1. *On ne m'a pas volé l'Everest*, éditions Guérin, 2020.

ALPINIST SANS « E » OU COMMENT S'AFFRANCHIR DES BARRIÈRES ?

Si l'on met de côté l'alpinisme commercial, essentiellement déployé sur l'Everest et les *Seven Summits*, les pratiques d'aujourd'hui sont marquées par un engagement croissant dans des courses ou des expéditions difficiles, plus de conscience environnementale et une recherche d'éthique avec le retour du style alpin, des ascensions express ou de la multi-activité.
La question de l'alpinisme féminin a-t-elle encore du sens de nos jours ? Y a-t-il une spécificité féminine dans les pratiques actuelles ? Peut-être...
Les histoires modernes des femmes en montagne parlent moins d'exploit ou de performance, et davantage d'aventure, de partage, de sororité ou de mixité... Si le sommet n'est pas atteint, ce n'est pas grave : ce qui compte, c'est l'aventure, les rencontres et les émotions. La performance vient souvent comme une élégance et une esthétique additionnelles.
À l'instar des pionnières, les alpinistes contemporaines réalisent des ascensions remarquables et repoussent leurs limites, mais des défis persistent, notamment en termes de reconnaissance, d'accès égal aux ressources ou de visibilité médiatique.

Elles s'amusent et elles engagent...

Elle est une légende de l'escalade glaciaire et de l'escalade mixte (glace et rocher), dotée d'un mental exceptionnel. Inès Papert, 50 ans, allemande, plusieurs fois championne du monde d'escalade sur glace, continue d'explorer le monde pour ouvrir de nouveaux itinéraires.
Elle descend des rivières en kayak et des 8000 en ski. Elle vit intensément sans se prendre la tête. Tiphaine Dupérier, 35 ans, guide et pisteur-secouriste française, puise sa motivation dans la découverte et le partage, en toute discrétion.
Elle établit des records de vitesse en escalade sur les *big walls* du Yosemite et pratique l'alpinisme de haut niveau dans les montagnes d'Alaska. Chantel Astorga, 39 ans, américaine, guide et secouriste, est une spécialiste des avalanches.
Elle grimpe des grandes faces des Alpes en hiver, ouvre des voies « en mixte » dans le monde et descend des pentes raides en ski. Fay Manners, 37 ans, grimpeuse, alpiniste et skieuse anglaise, veut inspirer les jeunes femmes à sortir des salles d'escalade pour découvrir la beauté de l'alpinisme.
Elle court, elle court... et vient de battre le record de vitesse féminin d'ascension du mont Blanc en 7 heures et 25 minutes en 2023. Hillary Gerardi, 37 ans, traileuse américaine vivant à Chamonix, est spécialiste du skyrunning[1].
Elle est passée des compétitions de ski-alpinisme aux ascensions de 8000 en hiver et aux expéditions en parapente. Tamara Lunger, 36 ans, alpiniste italienne, a la nostalgie d'un alpinisme sans Instagram où les sommets ne seraient pas seulement des « cases à cocher ».
Elles sont parties pendant des mois en bateau depuis la France pour ouvrir une ligne d'escalade au Groenland. Caro North, 32 ans, grimpeuse suisse, et Marta Güemes, navigatrice espagnole, en compagnie de six autres femmes de différentes nationalités, ont allié leurs talents pour réaliser la *voie Sedna*.

1. Le skyrunning est un sport extrême de course à pied en montagne à une altitude supérieure à 2 000 mètres, avec une pente de plus de 30 % et une difficulté d'escalade ne dépassant pas le 2e degré.

EN HAUT
GUIDE, TIPHAINE DUPÉRIER EST SPÉCIALISTE DU SKI DE PENTE RAIDE.
© BORIS LANGENSTEIN

EN BAS
L'AMÉRICAINE ANGELA VANWIEMEERSH ET LES CANADIENNES BRONWYN HODGINS ET KELSEY WATTS LORS DE LEUR EXPÉDITION SUR LA CÔTE OUEST DU GROENLAND EN 2022.
© ANGELA VANWIEMEERSH

CAMP

Elle a gravi le K2 sans oxygène avec son compagnon Bertrand Roche et décollé en parapente biplace depuis le sommet. Liv Sansoz, 47 ans, française, ancienne championne d'escalade, a surmonté des années de blessures, réalisé l'ascension des 82 sommets de 4000 mètres des Alpes, puis accompli son rêve d'enfance de devenir guide à plus de 40 ans.
Elle grimpe avec la même facilité sur le rocher ou la glace et se déplace en vélo ou en kayak. Angela Vanwiemeersch, aventurière et glaciériste américaine, a parcouru 450 kilomètres en kayak de mer pour ouvrir, avec ses compagnons, une voie de 900 mètres (avec vingt jours sur la paroi) sur la côte ouest du Groenland.
Elle aime les aventures lointaines dans les massifs isolés au fin fond du Chili et de l'île de Baffin ou l'escalade sur les voies extrêmes mythiques. Bronwyn Hodgins, 31 ans, monitrice d'escalade canadienne, grimpe avec son mari ou ses amis d'enfance et ramène des films de ses expéditions.
Elle réalise des projets en highline dans les Alpes ou en Utah, explore les Balkans en vélo et à skis, aime les expéditions polaires et le ski extrême. Aurélia Lanoé, 35 ans, alpiniste et guide de haute montagne française, aime sortir des sentiers battus, mais également lire, écrire et jouer de la musique.
Elle découvre l'escalade à l'université avant de devenir une des grandes alpinistes de sa génération. Elle est aussi infirmière à Bozeman dans le Montana. Anne Gilbert Chase, 39 ans, américaine, aime les expéditions au bout du monde tout comme la nature sauvage du Montana.
Elle est l'une des rares femmes guides italiennes, est passée par la compétition en escalade et, après un épisode d'anorexie, s'en est libérée pour grimper en « trad ». Federica Mingolla, 29 ans, guide et grimpeuse italienne, a réalisé un tour des Dolomites combinant vélo et grandes voies d'escalade.
Elle est skieuse, alpiniste et a descendu à skis le Manaslu (8163 m) sans oxygène supplémentaire. Elle aime aussi le VTT, le kitesurf ou le parapente. Anna Tybor, 32 ans, polonaise, est passionnée d'art et exerce comme architecte tout en continuant de rêver à d'autres 8000 à skis.
Elle mène de front des études de médecine, son métier de guide et ses solos à l'Eiger ou en Patagonie. Laura Tiefenthaler, 28 ans, autrichienne, commence sa carrière d'alpiniste avec le sentiment que le changement climatique impose une constante adaptation.

Après avoir voulu « copier » les hommes, les femmes alpinistes écrivent désormais leur propre partition. Il y a autant de façons de faire de l'alpinisme entre les hommes qu'entre un homme et une femme. Chez les femmes elles-mêmes, on trouve une grande variété de pratiques et d'opinions sur le sujet. L'avenir de l'alpinisme reste encore à écrire et il se situe sans doute à la croisée des chemins. Mais il demeure avant tout une expérience intime, au masculin comme au féminin.

C'est probablement aux hommes d'avancer vers plus de mixité et de devenir promoteurs de davantage d'égalité en montagne comme ailleurs. C'est aux femmes de croire en leur chance et en leur talent, d'affirmer leur « présomption de compétence », avec l'idée que chaque personne possède en elle les ressources pour accomplir ses rêves d'alpinisme.

S'ENVOLER À DEUX DANS L'ÉTHER DE LA HAUTE ALTITUDE (LIV ET ZEB APRÈS LEUR DÉCOLLAGE DU SOMMET DU K2, UNE PREMIÈRE MONDIALE, AOÛT 2024).

DANS LA MÊME COLLECTION

Images inédites, ou au contraire iconiques, anecdotes et moments forts rythment les pages de ces livres. Un condensé d'histoires singulières, éclairées en toute subjectivité par des auteurs experts, à contre-poil de l'encyclopédie.

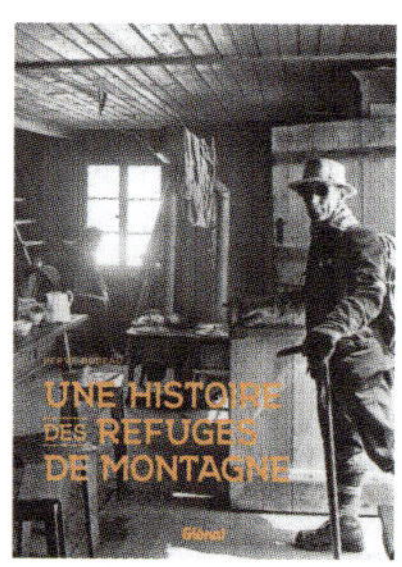

Achevé d'imprimer en France en septembre 2024 par Pollina - 50765,
sur papier provenant de forêts gérées de manière durable.

PEFC 10-31-2065 / Certifié PEFC / pefc-france.org

REMERCIEMENTS

- Isabelle et Henri Agresti
- Alpine Club
- Vanessa Beucher
- Lise Billon
- Marion Blanchard
- Arlene Blum
- Valérie Bonfé et Cinémathèque d'images de montagne
- Lydia Bradey
- Philippe Brass
- Elsa Claret-Tournier et la bibliothèque de l'Ensa à Chamonix
- Mario Colonel
- François Damilano
- Catherine Destivelle
- Éditions Guérin : Stéphanie Thizy et Charlie Buffet
- Sibylle Hechtel
- Lynn Hill
- Sophie Lavaud
- Mary Anne et Thierry Malleret (à la genèse de cette idée !)
- Nives Meroi
- Nicole Niquille
- Edurne Pasaban
- Micheline Rambaud
- Liv Sansoz
- Angela VanWiemeersch

BIBLIOGRAPHIE ET RÉFÉRENCES

Web

- https://en.wikipedia.org/wiki/Ladies%27_Alpine_Club
- https://www.theguardian.com/lifeandstyle/2012/mar/26/female-mountaineering-pioneers-uphill-struggle
- https://en.wikipedia.org/wiki/Fanny_Bullock_Workman
- https://www.altitude.news/montagne-au-feminin/2023/06/07/femmes-alpinistes-histoire/
- https://pinnacleclub.co.uk/?fbclid=IwAR0JFAHkbd14rQzLExL_9KXfM9PsqANjdwrw9YRlk9 HO1s32xhONU9mjYXw
- https://www.cairn.info/revue-clio-femmes-genre-histoire-2006-1-page-165.htm
- https://www.pc100.org/nea-morin
- https://journals.openedition.org/amnis/1090
- https://www.sac-cas.ch/fr/les-alpes/la-traversee-des-aiguilles-du-diable-en-fevrier-1938-5347
- https://www.irishtimes.com/life-and-style/people/greystones-woman-climbed-mountains-in-a-skirt-so-not-to-offend-1.2718083
- https://books.openedition.org/enseditions/38254
- https://information.tv5monde.com/terriennes/alpinistes-en-robe-longue-sur-la-trace-des-pionnieres-des-hauteurs-2672262?amp
- https://www.lepoint.fr/societe/le-piolet-d-or-a-l-orgueilleuse-qui-voulait-surpasser-les-hommes-19-09-2020-2392642_23.php
- https://www.google.com/search?client=safari&sca_esv=3a4db51264369e2d&hl=fr-fr&q=arlene+blum+annapurna&tbm=vid&source=lnms&prmd=ivnsbz&sa=X&ved=2ahUKEwiu3tW4iaGEAxUXTKQEHQ2RDZ4Q0pQJegQIChAB&biw=375&bih=621&dpr=3#fpstate=ive&vld=cid:4f45a0bb,vid:Gw0lNmhKiMY,st:0
- https://www.google.com/search?client=safari&sca_esv=3a4db51264369e2d&hl=fr-fr&q=arlene+blum+annapurna&tbm=vid&source=lnms&prmd=ivnsbz&sa=X&ved=2ahUKEwiu3tW4iaGEAxUXTKQEHQ2RDZ4Q0pQJegQIChAB&biw=375&bih=621&dpr=3#fpstate=ive&vld=cid:4f45a0bb,vid:Gw0lNmhKiMY,st:0
- https://endorfeen.com/fr/hannelore-schmatz-premiere-femme-a-mourir-sur-leverest/
- https://histoireparlesfemmes.com/2019/01/24/fanny-bullock-workman-geographe-et-exploratrice/

Livres

- ABBS Annabel, *Méfiez-vous des femmes qui marchent*, Flammarion, 2021
- ANGEVILLE Henriette d', *Mon excursion au mont Blanc*, Arthaud, 1987
- ARVES Stephen d', *Histoire du mont Blanc et de la vallée de Chamonix*, Paris, Delagrave, 1878
- BADIER Simone, *La Dame de Pic*, éditions Guérin, 2008
- BENOIT-JANIN Anne, *Les Népalaises de l'Everest, quand ascension rime avec émancipation*, Glénat, 2020
- BERGER Jean, 1878, « Du rôle des femmes dans les clubs alpins », *Annuaire du CAF*, p. 578-585
- BLUM Arlene, *Annapurna: a woman's place*, Counterpoint LLC, 2015
- BLUM Arlene, *Breaking trail*, Scribner, 2005
- BRADEY Lydia, *On ne m'a pas volé l'Everest*, Guérin, 2020
- BRÉGEAULT Julien, 1899, « Monographies rétrospectives : les caravanes scolaires », *Annuaire du CAF*, p. 410-444
- BOREL Lucien, 1878, « Inauguration du refuge de la Vanoise », *Annuaire du CAF*, p. 639-643
- BROWN Rebecca A., *Women on High*, AMC Books, 1959
- BRUNETON Marie, janvier 1910, « La traversée de la dent Blanche par l'arête des Quatre Ânes », *La Montagne*, p.1-6
- BUFFET Charly, *Première de cordée, Claude Kogan, femme d'audace et de passion*, Robert Laffont, 2003
- BURLINGHAM Henri, 1911, « Les grimpeuses de cimes », *Fémina*, p. 465-466
- CLIO HFS, *Les mots de l'histoire des femmes*, Toulouse, PUM, 2004
- COUZY Agnès, *Femmes alpinistes*, Hoëbeke, 2008
- COTTINO Linda, *Ici Elvira, vous m'entendez ?*, éditions du Mont-Blanc, 2020
- DE LUCA Erri, *Sur la trace de Nives*, Gallimard, 2006
- DUBY Georges & PERROT Michelle, *Histoire des femmes en Occident. Le XIXe siècle*, Paris, Perrin, 2002
- DESTIVELLE Catherine, *Ascensions*, Arthaud, 2012
- DUYCK Alexandre, *Chantal Mauduit, elle grimpait sur les nuages*, Guérin, 2016
- GALLAY Marcel, *La tragédie des aiguilles du Diable*, Franck Luthi, 1952
- GOGNA Alessandro & RAGGIO Alessandra, *Cordées célèbres*, 2013, Glénat
- GOUGET Émile, 1883, « Note sur l'arrondissement d'Embrun », *Annuaire du CAF*, p. 99-105
- GUBIN Éliane et coll, *Le siècle des féminismes*, Paris, éditions de l'Atelier, 2004
- HOIBIAN Olivier, *Les alpinistes en France (1870-1950)*, Paris, L'Harmattan, 2001
- JANIN Christine, *Le tour du monde par les cimes – la conquête des sept sommets du monde par une femme*, Albin Michel, 1993
- JANIN Christine, en collaboration avec Anna-Véronique El Baze, *Dame de pics et femme de coeur*, Glénat, 2017
- LAMBERT Raymond, *À l'assaut des quatre mille*, éditions de la Frégate, 1946
- *Leading out, mountaineering stories of adventurous women*, edited by Rachel Da Silva, Seal Press, 1992
- LEININGER Nicole & KOGAN Georges, *Cordillère blanche*, Arthaud, 1951
- LEJEUNE Dominique, 1988, « Les alpinistes en France (1874-1919) », Paris, CTHS